U0369735

近代稀见旧版文献再造丛书

民国中国文化史要籍汇刊（影印本）

侯杰 主编

第六卷

顾康伯 中国文化史（上、下）

南開大學出版社

图书在版编目(CIP)数据

民国中国文化史要籍汇刊. 第六卷 / 侯杰主编. —
影印本. —天津 ：南开大学出版社，2019.1
(近代稀见旧版文献再造丛书)
ISBN 978-7-310-05706-1

Ⅰ. ①民… Ⅱ. ①侯… Ⅲ. ①文化史—文献—汇编—
中国 Ⅳ. ①K203

中国版本图书馆 CIP 数据核字(2018)第 277745 号

南开大学出版社出版发行
出版人：刘运峰
地址：天津市南开区卫津路 94 号　　邮政编码：300071
营销部电话：(022)23508339　23500755
营销部传真：(022)23508542　　邮购部电话：(022)23502200
*
北京隆晖伟业彩色印刷有限公司
全国各地新华书店经销
*
2019 年 1 月第 1 版　　2019 年 1 月第 1 次印刷
148×210 毫米　32 开本　13.875 印张　4 插页　400 千字
定价：160.00 元

如遇图书印装质量问题，请与本社营销部联系调换，电话：(022)23507125

出版说明

一、本书收录民国时期出版的中国文化史著述，包括通史性文化著述、断代史性文化著述和专题性文化史著述三大类；民国时期出版的非史书体裁的文化类著述，如文化学范畴类著述等，不予收录；同一著述如有几个版本，原则上选用初始版本。

二、个别民国时期编就但未正式出版过的书稿如吕思勉的《中国文化史六讲》和民国时期曾以文章形式公开发表但未刊印过单行本的著述如梁启超的《中国文化史·社会组织篇》，考虑到它们在文化史上的重要学术影响和文化史研究中的重要文献参考价值，特突破标准予以收录。

三、本书按体裁及内容类别分卷，全书共分二十卷二十四册；每卷卷首附有所收录著述的内容提要。

四、由于历史局限性等因，有些著述中难免会有一些具有时代烙印、现在看来明显不合时宜的内容，如『回回』『满清』『喇嘛』等称谓及其他一些提法，但因本书是影印出版，所以对此类内容基本未做处理，特此说明。

南开大学出版社

二〇一八年十一月

总序

侯杰

中国文化，是世代中国人的集体创造，凝聚了难以计数的华夏子孙的心血和汗水，不论是和平时期的锲而不舍、孜孜以求，还是危难之际的攻坚克难、砥砺前行，都留下了历史的印痕，闪耀着时代的光芒。其中，既有精英们的思索与创造，也有普通人的聪明智慧与发奋努力；既有中华各民族儿女的发明创造，也有对异域他邦物质、精神文明的吸收、改造。中国文化，是人类文明的一座巨大宝库，发源于东方，却早已光被四表，传播到世界的很多国家和地区。

如何认识中国文化，是横亘在人们面前的一道永恒的难题。虽然，我们每一个人都不可避免地受到文化的熏陶，但是对中国文化的态度却迥然有别。大多离不开对现实挑战所做出的应对，或恪守传统，维护和捍卫自身的文化权利、社会地位，或从中国文化中汲取养料，取其精华，并结合不同历史时期的文化冲击与碰撞，进行综合创造，或将中国文化笼而统之地视为糟粕，当作阻碍中国迈向现代社会的羁绊，欲除之而后快。这样的思索和抉择，必然反映在人们对中国文化的观念和行为上。

中国文化史研究的崛起和发展是二十世纪中国史学的重要一脉，是传统史学革命的一部分——传统史学在西方文化的冲击下，偏离了故道，即从以帝王为中心的旧史学转向以民族文化为中心的新史学，又和中国的现代化进程有着天然的联系。二十世纪初，中国在经受了一系列内乱外患后，千疮百孔，国力衰微；与此同时，西方的思想文化如潮水般涌入国内，于是有些人开始对中国传统文化产生怀疑，甚至持否定态度，全盘西化论思潮的出笼，更是把这种思想推向极致。民族自信力的丧失既是严峻的社会现实，又是亟待解决的问题。而第一次世界大战的惨剧充分暴露出西方社会的弊端，其文化取向亦遭到人们的怀疑。人们认识到要解决中国文化的出路问题就必须了解中国文化的历史和现状。很多学者也正是抱着这一目的去从事文化史研究的。

在中国文化史书写与研究的初始阶段，梁启超是一位开拓性的人物。早在一九〇二年，他就深刻地指出：『中国数千年，唯有政治史，而其他一无所闻。』为改变这种状况，他进而提出：『历史者，叙述人群进化之现象也。』而所谓『人群进化之现象』，其实质是文化演进以及在这一过程中所进发出来的缤纷事象。以黄宗羲『创为学史之格』为楷模，梁启超呼吁：『中国文学史可作也，中国种族史可作也，中国财富史可作也，中国宗教史可作也。诸如此类，其数何限?」从而把人们的目光引向中国文化史的写作与研究。一九二一年他受聘于南开大学，讲授「中国文化史」，印有讲义《中国文化史稿》，后经过修改，于一九二二年在商务印书馆以《中国文化史稿第一编——中国历史研究法》之名出版。截至目前，中国学术界将该书视为最早的具有史学概论性质的著作，却忽略了这是梁启超对中国文化历史书写与研究的整体思考和潜心探索之举，充满对新史学的拥抱与呼唤。

与此同时，梁启超还有一个更为详细的关于中国文化史研究与写作的计划，并拟定了具体的撰写目录。梁启超的这一构想，部分体现于一九二五年讲演的《中国文化史·社会组织篇》中。在这个关于中国文化史的构想中，梁启超探索了中国原始文化以及传统社会的婚姻、姓氏、乡俗、都市、家族和宗法、阶级和阶层等诸多议题。虽然梁启超终未撰成多卷本的《中国文化史》（其生前，只有《中国文化史·社会组织篇》等少数篇目问世），但其气魄、眼光及其所设计的中国文化史的书写与研究的构架令人钦佩。因此，鉴于其对文化史的写作影响深远，亦将此篇章编入本丛书。

此后一段时期，伴随中西文化论战的展开，大量的西方和中国文化史著作相继被翻译、介绍给中国读者。桑戴克的《世界文化史》和高桑驹吉的《中国文化史》广被译介，影响颇大。国内一些学者亦仿效其体例，参酌其史观，开始自行编撰中国文化史著作。一九二一年梁漱溟出版了《东西文化及其哲学》，这是近代国人第一部研究文化史的专著。尔后，中国文化史研究进入了一个短暂而兴旺的时期，一大批中国文化史研究论著相继出版。在二十世纪二三十年代，有关中国文化史的宏观研究的著作不可谓少，如杨东莼的《本国文化史大纲》、陈国强的《物观中国文化史》、柳诒徵的《中国文化史》、陈登原的《中国文化史》、王德华的《中国文化史略》等。在这些著作中，柳诒徵所著《中国文化史》被称为『中国文化史的开山之作』，而杨东莼所撰写的《本国文化史大纲》则是第一本试图用唯物主义研究中国文化史的著作。与此同时，对某一历史时期的文化研究也取得很大进展。如孟世杰的《先秦文化史》、陈安仁的《中国上古中古文化史》和《中国近世文化史》等。在宏观研究的同时，微观研究也逐渐引起学人们的注意。其中，中西文化交流史研究成绩斐然，如郑寿麟的《中西文化之关系》、张星烺的《欧化东渐史》等。一九三六至一九三七年，商务印书馆出版了由王云五等主编的《中国文化史丛书》，共有五十余种，体例相当庞大，内容几乎囊括了中国文化史的大部分内容。

此外，国民政府在三十年代初期出于政治需要，成立了『中国文化建设会』，大搞『文化建设运动』，致力于『中国的本位文化建设』。一九三五年十月，陶希盛等十位教授发表了《中国本位文化建设宣言》，提出『国家政治经济建设既已开始，文化建设亦当着手，而且更重要』。因而主张从中国的固有文化即传统伦理道德出发建设中国文化。这也勾起了一些学者研究中国文化史的兴趣。

同时，这一时期又恰逢二十世纪中国新式教育发生、发展并取得重要成果之时，也促进了『中国文化史』课程的开设和教材的编写。清末新政时期，废除科举，大兴学校。许多文明史、文化史的著作因非常适合作为西洋史和中国史的教科书，遂对历史著作的编纂产生很大的影响。在教科书撰写方面，多部中国史的教材，无论是否以『中国文化史』命名，实际上都采用了文化史的体例。而这部分著作也占了民国时期中国文化史著作的一大部分。如吕思勉的《中国文化史二十讲》（现仅存六讲）、王德华的《中国文化史略》、丁留余的《中国文化史问答》、李建文的《中国文化史讲话》、范子田的《中国文化小史》等。

二十世纪的二三十年代实可谓中国学术发展的黄金时期，这一时期的文化史研究成就是有目共睹的，不少成果迄今仍有一定的参考价值。此后，从抗日战争到解放战争十余年间，中国文化史的书写和研究遇到了困难，陷入了停顿，有些作者还付出了生命的代价。但尽管如此，仍有一些文化史论著问世。此时，综合性的文化史研究著作主要有缪凤林的《中国民族之文化》、陈安仁的《中国文化史》、王治心的《中国文化史类编》、陈竺同的《中国文化史略》和钱穆的《中国文化史导论》等。其中，钱穆撰写的《中国文化史导论》和陈竺同撰写的《中国文化史略》两部著作影响较为深远。钱穆的《中国文化史导论》，完成于抗日战争时期。该书是继《国史大纲》后，他撰写的第一部系统讨论中国文化史的著作，专就中国通史中有关文化史一端作的导论。因此，钱穆建议读者『此书当与《国史大纲》合读，庶易获得写作之大意所在』。不仅如此，钱穆还提醒读者该书虽然主要是在专论中国，实则亦兼论及中西文化异同问题。数十年来，『余对中西文化问题之商榷讨论屡有著作，而大体论点并无越出本书所提主要纲宗之外』。故而，『读此书，实有与著者此下所著有关商讨中西文化问题各书比较合读之必要，幸读者勿加忽略』。陈竺同的《中国文化史略》一书则是用生产工具的变迁来说明文化的进程。他在该书中明确指出：『文化过程是实际生活的各部门的过程』，『社会生产，包含着生产力与生产关系。这本小册子是着重于文化的过程。至于生产关系，就政教说，乃是权力生活，属于精神文化，而为生产力所决定』。除了上述综合性著作外，这一时期还有罗香林的《唐代文化史研究》、朱谦之的《中国思想对于欧洲文化之影响》等专门性著作影响较为深远。

不论是通史类论述中国文化的著作，还是以断代史、专题史的形态阐释中国文化，都包含着撰写者对中国文化的情怀，也与其人生经历密不可分。柳诒徵撰写的《中国文化史》也是先在学校教习之用，后在出版社刊行。鉴于民国时期刊行的同类著作，有的较为简略，有的只可供学者参考，不便于学年学程之讲习，所以他发挥后发优势，出版了这部比较丰约适当之学校用书。更令人难忘的是，柳诒徵不仅研究中国文化史，更有倡行中国文化的意见和主张。他在《弁言》中提出：『吾尝妄谓今之大学宜独立史学院，使学者了然于史之封域非文学、非科学，且创为斯院者，宜莫吾国若。三二纪前，吾史之丰且函有亚洲各国史实，固俨有世界史之性。丽、鲜、越、倭所有国史，皆师吾法。夫以数千年丰备之史为之干，益以近世各国新兴之学拓其封，则独立史学院之自吾倡，不患其异于他国也。』如今，他的这一文化设想，在南开大学等国内高校已经变成现实。正是由于有这样的文化观念，所以他才自我赋权，主动承担起治中国文化史者之责任：『继往开来……择精语详，以诏来学，以贡世界。』

杨东莼基于『文化就是生活。文化史乃是叙述人类生活各方面的活动之记录』的认知，打破朝代观念，将各时代和作者认为有关而又影响现代生活的重要事实加以叙述，并且力求阐明这些事实前后相因的关键，希望读者对中国文化史有一个明确的印象，而不会模糊。不仅如此，他在叙述中，尽力坚持客观的立场，用经济的解释，以阐明一事实之前因后果与利弊得失，以及诸事实间之前后相因的关联。这也是作者对『秉笔直书』『夹叙夹议』等历史叙事方法反思之后的选择。

至于其他人的著述，虽然关注的核心议题基本相同，但在再现中国文化的时候却各有侧重，对中国文化的评价也褒贬不一，存在差异。这与撰写者对中国文化的认知，及其史德、史识、史才有关，更与其学术乃至政治立场、占有的史料、预设读者有关。其中，既有学者之间的对话，也有学者与读者的倾心交流，还有对大学生、中学生、小学生的知识普及与启蒙，对中外读者的文化传播，及其跨文化的思考。他山之石，可以攻玉。二十世纪二十年代日本学者高桑驹吉的著述以世界的眼光，叙述中国文化的历史，让译者感到：数千年中，我过去的祖先曾无一息与世界相隔离，处处血脉流转，气息贯通。如此叙述历史，足以养成国民的一种世界的气度。三十年代，中国学者陈登原不仅将中国文化与世界联系起来，而且还注意到海洋所带来的变化，以及妇女地位的变化等今天看来都亟待解决的重要议题。实际上，早在二十世纪二十年代，就有一些关怀中国文化命运的学者对十九世纪末到二十世纪初通行课本大都脱胎于日本人撰写的《东洋史要》一书等情形提出批评：以外人目光编述中国史事，精神已非，有何价值？而陈旧固陋，雷同抄袭之出品，竟占势力于中等教育界，垂二十年，亦可怜矣。乃者，学制更新，旧有教本更不适用。为改变这种状况，顾康伯广泛搜集文化史料，因宜分配，撰成《中国文化史》，脉络分明，宗旨显豁，不徒国史常识可由此习得，即史学门径，亦由此窥见。较之旧课本，不可以道里计，故而受到学子们的欢迎。此外，中国文化的海外传播、中国对世界文化的吸收以及中西文化关系等问题，也是民国时期中国文化史撰写者关注的焦点议题。

围绕中国文化史编纂而引发的有关中国文化的来源、内涵、特点、价值和贡献等方面的深入思考，耐人寻味，发人深思。孙德孚更将翻译美国人盖乐撰写的《中国文化辑要》的收入全部捐献给因日本侵华而处于流亡之中的安徽的难胞，令人感佩。

实际上，民国时期撰写出版的中国文化史著作远不止这些，出于各种各样的原因，没有收入本丛书，也是非常遗憾的事情。至于已经收入本丛书的各位作者对中国文化的定义、解析及其编写体例、使用的史料、提出的观点、得出的结论，我们并不完全认同。但是作为一种文化产品值得批判地吸收，作为一种历史的文本需要珍藏，并供广大专家学者，特别是珍视中国文化的读者共享。

感谢南开大学出版社的刘运峰、莫建来、李力夫诸君的盛情邀请，让我们徜徉于卷帙浩繁的民国时期中国文化史的各种论著，重新思考中国文化的历史命运；在回望百余年前民国建立之后越演越烈的文化批判之时，重新审视四十年前改革开放之后掀起的文化反思，坚定新时代屹立于世界民族之林的文化自信。

感谢与我共同工作、挑选图书、撰写和修改提要，并从中国文化中得到生命成长的区志坚、李净昉、马晓驰、王杰升等香港、天津的中青年学者和志愿者。李力夫全程参与了很多具体工作，表现出一位年轻编辑的敬业精神、专业能力和业务水平，从不分分内分外，让我们十分感动。

总目

陈国强　物观中国文化史（上、下）

第十三卷　丁留余　中国文化史问答

姚江滨　民族文化史论

缪凤林　中国民族之文化

第十四卷　王治心　中国文化史类编（上、中）

第十五卷　雷海宗　中国文化与中国的兵

蒋星煜　中国隐士与中国文化

第十六卷　孟世杰　先秦文化史

罗香林　唐代文化史研究

第十七卷　陈安仁　中国上古中古文化史

第十八卷　陈安仁　中国近世文化史

第十九卷　朱谦之　中国思想对于欧洲文化之影响

第二十卷　张星烺　欧化东渐史

郑寿麟　中西文化之关系

梁启超　中国文化史·社会组织篇

吕思勉　中国文化史六讲

顾康伯《中国文化史》（上、下）

顾康伯，生卒年不详，早期跟随名师学习，后弃儒从商，经营实业，曾经经营太仓济泰纱厂。乐于投身公益事业，多次赈济灾民、抚恤孤寡，还曾资助积善会办粥厂。喜爱山水书画，热衷兴建园林、修筑精舍。

顾康伯所著《中国文化史》共分上、下两册，是一部文化史课程教科书，专供后期师范及高级中学教学之用，兼供前期师范及初级中学参考，在一九二二年壬戌学制颁布的背景下编写。该书是中国较早的通史类文化史书籍，上、下册分别于一九二四年一月、二月由上海大新书局、泰东图书局出版。全书以朝代为序分为十三章叙述，显著特征是以制度文明的创造和进步为主线，详细阐释因果异同，注意探索文化史演化变迁的内在规律，而非简单袭用传统『王朝体系』来解说中国文化史的演变。

顧康伯編

上海
大新書局印行

高中師範教本

中國文化史

顧康伯編

上冊

上海
大新書局印行

序

編歷史教本難。編本國史教本尤難。蓋歷史內容包羅弘富。爲最繁複之學科。而中等學校課時至少。欲於此僅短時間。執簡御繁。使學生一度學習能略知人類生活演進之狀態。而具一明確概念。自非精選教材。殆難收效。然世界史尚有歐美善本可供翻譯。除東方文化部分特加闡發外。餘可沿襲舊文。不至絕無依據。至本國史則依傍一空。種種教材。必於經史舊籍中自行搜討。則去取之間。殊費斟酌。蓋中國史乘浩繁。而目的均非以供教科之用。加以時代目光之殊異。國家政體之改革。故雖參攷之書。汗牛充棟。而事實紛陳。極少線索。欲於故紙堆中。爬梳搜剔。擷其精英。而汰其糠粃。是豈旦夕間事。宜乎坊間急就之章。無一善本之可讀也。往者通行課本。大都脫胎於東籍東洋史要一書。

實則以外人目光編述中國史事。精神已非有何價值。而陳舊固陋。雷同抄襲之出品。竟占勢力於中等教育界垂二十年。亦可憐矣。乃者學制更新。舊有教本更不適用。顧君康伯有鑒於此。本其平昔研究心得。與積年教授經驗。輯成是書。一試驗於本校高級選科。甚爲學子歡迎。察其內容。蓋一反從前偏重政治之主張。而廣搜各方面文化材料。因宜分配。故覺脈絡分明。宗旨顯豁。不徒國史常識。可由此習得。卽史學門徑。亦由此窺見。較之舊本讀盡全編掩卷而不能得一明確概念者。誠不可以道里計矣。顧君積學之士。治史學有年。非牽爾操觚者比。故能成就若此。本書現將出版。爰略著其優點。以爲介紹。

民國十三年春三月王朝陽敍於江蘇省立第一師範學校

中國文化史

自序

吾國古今史籍。汗牛充棟。學者畢生不能竟其業。曷爲不自量、不憚煩、而復有中國文化史之編述耶。敢應之曰。前代所著。適於參考。而不適於教科。今人所著。適于教科。而不盡合乎歷史之眞義。是以有此舉也。請申言之。歷史云者所以考究過去時代人類生活之狀況。而明其進化之階級。俾學者於國家、於民族、於社會、知有所以改進也。換言之。歷史之功用。在考究其文化耳。顧吾國所謂歷史。不外記歷朝之治亂興亡。而於文化進退之迹。概不經意。致外人動譏吾國無歷史。二十四史者、二十四姓之家譜。斯言雖或過當。然吾國史家專爲一朝一姓之奴隸。亦未始非缺憾也。近德國史家埃猛埒濟氏謂歷史之發達凡五。一智力。二實業。三美術。四宗教。五政治。吾國前代所陳陳相因者。乃注重政治之一端。今人所著歷史教科書。於政治方面。亦不無偏重。是皆違歷史研究之眞義。然則本國文化史之作。其可緩乎。夫所謂文化者。包羅極廣。舉凡政治、地理、風俗、宗教、軍事、經濟、學術、思想及其他一切有關於人生之事項。無不畢具。況吾國上下五千年。文物浩繁。欲舉一切文化史料而爲之綜其先後。述其源委。提其綱領。豈不大難。予濫竽學校史席有年。每感教科無善本。屢欲爲之而屢輟者再。實以此項史料難搜集、難整理也。及任江蘇第一師範史課時。本校適行選科制。中國文化史之編述。乃不可緩矣。爰於課餘就舊日所搜集之史料而爲之整理。自民國十年夏起稿。迄十二年秋始成。原以便教授耳。非敢持以問世也。其間蕪冗錯雜之病。知所不免。删繁釐正。願以俟諸異日。

民國十三年孟春興化顧敦鍒序於江蘇省立第五師範學校

中國文化史編輯大意

一、本書都十萬言。分十三章。不析細目。取其一氣呵成。有上下貫通之便。凡關於重要事項有條理可尋者。則用抽象名詞標題。以醒眉目。

一、本書定名文化史。純以發抒中國文化爲主旨。凡不符本旨之材料。概不編入。

一、本書材料詳略。純以其時代文化之發達與否爲斷。不取平均支配主義。

一、編者以文化之範圍極廣。凡與人文進化有關者。如典章、制度、學術、宗教、生業、民風等。無不詳究其因果異同。

一、前人述史。斷代爲章。實同家譜。本書力矯其弊。專以文化之盛衰及趨勢爲標準。而主眼則在來今。俾學者有今昔之觀。

一、編者以政治之與文化相消息。且中國數千年來皆君主政體。帝權極重。

文化終不能出其範圍。故本書述一時代之文化。必兼及其政治之大略情形。

一、本書專供後期師範及高級中學教科之用。兼供前期師範及初級中學參考之用。前已試用於江蘇省立第一師範。今復試用於江蘇省立第五師範。教授上尚無甚窒礙。

一、本書編輯。費時兩年。凡三易稿。惟以課餘倉卒從事。龐雜疏陋之病。恐不能免。幸海內明達有以教之。

中國文化史目錄

上

下

中國文化史

第一章　原始人類之狀態

文化之發生由簡單而趨於複雜。民族之蕃殖。由部落而組爲社會。此進化自然之公例也。吾國爲世界最古之國。文化之發生。遠在五千年前。惟其時所傳事跡。皆荒誕不足信。其故有二。

(一)由未有書契。無所記錄。但憑祖先口述。

(二)由民智蔽塞。不免神道設教。以爲一切現象。皆有神主之。且其中一二傑出者。或故創神奇之說。以震炫耳目。輾轉相傳。遂致誕謾無稽。

史家因此時代之事實無可考。稱之曰神話時代。或又名之曰傳疑時代。然按之進化程序。證之西史所述。亦不盡無稽。就其可信者約略述之。

（一）民族　民族為歷史之主人故先述之太古民族之主位首推華族華族有主持文化之實力凡他族地域與華族接近者無不受華族文化之支配此族於太古最遠之時由西北高原延崑崙東遷次第蕃殖於黃河沿岸分無數部落各戴一人為之長以統御羣倫相傳首出御世之聖人為盤古氏

按吾國舊史家謂盤古氏始分天地語極荒誕不足信故有謂實無盤古其人者然西人嘗花園最古民族曰巴克Bak花與華同巴克蓋即盤古一音之轉然則盤古為華族部落時代之酋長西人遂以吾酋長之名名吾族也

繼盤古之後者如天皇氏地皇氏人皇氏辰放氏有巢氏葛天氏無懷氏燧人氏等皆為太古人民之首領厥後文化日進疆土日廣經年閱月而其中酋長之強者乃漸幷吞其小部落爭一主權者此民族遂享世界之榮名故我國至今稱中華

生活　太古之世。榛榛狉狉。生活非常簡單衣食住皆極粗陋。迨一二聖智者出。乃稍稍改進。

1. 衣　太古之世。被髮卉服。蔽前而不蔽後。辰放氏作。教民擇木茹皮。以禦風霜。綯髮冒首。以去靈雨。於是民知衣皮而卉服之俗漸脫。

2. 食　太古之世。食鳥獸之肉。及草木之實。未有火化。至害衞生。燧人氏作。教民鑽燧取火。而茹毛飲血之俗漸脫。

3. 住　太古之世。穴居野處。禽獸逼人。有巢氏作。教民構木爲巢。而穴居之俗漸脫。

(三)社會組織　初民團體。相率剗林木以戰。戰勝者爲之長。有長以治衆。故成一部落。厥後勢力增盛。有結合諸部落而共戴一長者。是卽國家制度之濫觴。然部落綦繁。宇內仍不相統一。故史家稱此時爲酋長時代。

如上所述。初民狀況已逐漸進步。究未足以言文化也。文化之發生。當在羲皇之世。

第二章　上古文化之發萌

中國文化之進步。五千年間汜濫汪洋。幾莫窺其涯涘。然因流溯源。則譬諸花然。播種於伏羲神農黃帝堯舜。而萌蘗於夏商。此時期可謂發萌時期。伏羲之世。制作繁多。其與文化之關係特著者。約有八事。

(一)畫八卦　上古結繩而治。大事大結。小事小結。然不能傳之久遠。至伏羲乃畫八卦。以表事物。☰為古天字。☷為古地字。☴為古風字。☶為古山字。☵為古水字。☲為古火字。☳為古雷字。☱為古澤字。夫水、火、風、雷、天、地、山、澤、等物。均世間至大至常之現象。為初作記號者所必先。是為文字之濫觴。據西人拉克伯里 Lacompelie 言。八卦即巴比倫之楔形文也。

(二)制嫁娶　夫婦爲人道之原始。嫁娶之禮乃人類進化之徵。伏羲正姓氏。通媒妁以儷皮爲禮。始去知有母而不知有父之陋習。伏羲誠人道之功臣也。

(三)興佃漁畜牧　結網罟以敎佃漁。養犧牲以充庖廚。故伏羲又稱庖羲氏。此時社會漸出漁獵時代而進遊牧時代矣。

(四)製裘服　裘以獸之皮毛製之。用以禦寒。爲伏羲所發明。是畜牧時代之衣也。

(五)築城邑　城爲保障物。當時部落酋長之强有力者。每相倂呑。須築城以自衞。伏羲和率萬民。平水土。通泉源。因水居方而置城邑。惟用土而未用磚石。因磚瓦尙未發明也。

(六)創官制　因龍馬之瑞。以龍紀官。故爲龍師而龍名。定春夏秋冬中五職。

（七）作甲歷　定周天曆數辨日月歲時。後世天算之術蓄基乎此。

（八）造琴瑟　斲木爲琴瑟繩絲爲弦。是爲中國音樂學之始。

自伏羲傳十四世而神農氏。作此時代發明有六大事。

（一）耕稼　當時飲食雖有火化。而所飲食之原料。水草果實又佃漁所得之品而已。神農知非穀食不足以養多數之人也。乃教民斲木爲耜。揉木爲耒。樹藝五穀。是爲農業之始。此時漸由游牧時代。而進耕稼時代。社會又一進化矣。

（二）製茶及油　神農既發明耕稼。知植物爲用甚廣。故茶及油亦同時發明。

（三）醫藥　初民不善衛生。時罹疾病。神農氏不忍其民之死亡也。爰苦心研究嘗百草。明醫藥以治民疾病。是爲醫學之始。

（四）市易　人民生齒日繁。日用所需。勢不能不以有易無。仰給於他人之協助。而各居散處。交易爲難。神農爲便民計。設市廛爲聚貨之地。日中爲市。致天下之民。聚天下之貨。交易而退。各得其所。是爲商賈之始。

（五）製陶器　用水和土。以火燒之。因模型而成各物。如甕瓶等。均爲此時所發明。

（六）鹽業　鹽爲人生日用所必需。夙沙氏濱海而居。以海水味鹹且厚。乃積薪取火煮之。果得鹽。是爲發明食鹽之始。

自神農傳七世而黃帝代之。黃帝以前之事實。雖相傳如彼。然伏羲神農諸帝之形貌事業年壽。皆在半人半神之間。仍不出神話時代。至黃帝而文字大興。史官肇立。而先民事蹟乃漸可徵。是爲我國有歷史之始。此馬遷史記所以自黃帝始也。

黃帝時最重要之事。卽爲種族戰爭。我族先後自西域。來居中土。其初各逐水草以求生活。後因河山阻障。彼此失羣。至黃帝時遂又分爲三派。

(一)夾黃河兩岸而蕃衍者爲華族。

(二)在黃河以北沙漠以南者爲葷粥。

(三)在長江流域者爲苗族。

是時華族酋長神農氏榆罔弗德。諸侯相攻。漸趨分裂。苗族酋長蚩尤乘其隙。席捲華族各部落而長驅渡河。葷粥又雄視北方。華族介居其間。有腹背受敵之勢。幸黃帝出而先滅榆罔。以統一已族。然後與蚩尤戰於涿鹿而禽戮之。使吾族能生存至今。發揮文化者。皆黃帝之功也。蚩尤既死。帝乃命其人曰民。己之族曰百姓。民者冥頑不化之意也。百姓、言天所生也。故百姓與民有親疏貴賤之別。蓋戰勝之族。歧視戰敗之族。往往如是也。自是中國有階級之分。種族之見矣。惟帝於葷粥。祗驅逐之而已。未能奪其地。子其民也。故中國數千年來之外患。常在北方。南方之苗族。則一蹶不振。帝既統一天下。人民嘉其功。懷其德。畏其威。乃尊爲天子。酋長政治之部落。進而爲君主政治之國家。是爲華種建立國家之始。中國上古文化。於斯爲盛。茲舉其文化之主要者如左。

(一)官制　立五官以治民。置左右大監以監萬國。記言記事占天之官。皆於是備。而中國政治組織之規模乃粗具。

(二)文字　文字爲文化之要素。伏羲時雖作八卦。然爲數過少。不足以記載一切事物。且不適用。至黃帝史官倉頡。見鳥獸蹄迒之跡。作象形文字。而六書之名由是起。中國自此爲有史時期。

按埃及上古亦有象形文字。稱爲希羅克里斐克。Hiroglyphik 其象形字如以☉爲日。以爲月。與吾國上古之文字。以⊖爲日。以☾爲月者。不甚相遠。則知中外之進化。其階級固若合符節也。

(三)史官　命蒼頡爲左史。沮誦爲右史。以紀事紀言。此中國數千年之史所由傳也。

(四)封建　太古各地皆有首領。割據獨立。黃帝時始統一海內。立一大政府。然各地首領。不能盡滅絕。乃畫天下爲九州。命匠營國邑。得百里之國萬區。而人民不相侵擾。是爲封建制度之濫觴。

(五)井田　神農氏雖發明耕稼。然民各據地以耕。久之強者侵弱。爭端以興。且人數日多。耕地漸少。若不爲區畫。則貧富之弊生矣。黃帝乃經土設井。以塞爭端。立步制畝。以防不足。使八家爲井。井開四道而分八宅。鑿井於中。井一爲鄰。鄰三爲朋。朋三爲里。里五爲邑。邑十爲州。此制迄乎夏殷遵行不廢。

（六）蠶桑　帝承神農教藝之後。桑檢繁盛。乃命元妃嫘祖。教民養蠶。治絲繭以供衣服。天下始不患皴瘃。且自此國家有后妃親桑之例。故人民重視之。其進步與農業相等。

（七）衣裳　伏羲氏雖作布與裘。然僅足蔽體。且縫製並無何等之程式。黃帝始定其制。上爲衣。下爲裳。於是衣服之體制興矣。

（八）器用　黃帝建國以後。以生活事物未備。乃命共鼓貨狄作舟。邑夷作車。揮作弓。夷牟作矢。玄如作甲冑。胡曹作冕。於則作履。雍義作杵臼。工業之發達一時稱盛。而後世通用之指南鍼。亦爲黃帝所發明。

（九）宮室　黃帝作宮室。上棟下宇。以避風雨。而穴居之俗漸脫。考其制度者。謂黃帝明堂亦四面無壁。重蓋以茅蓋。乃古代穹廬之制。

(十)醫經　神農氏所發明者爲藥性。而非病理。帝乃資於岐伯而作內經。素問八十一篇。靈樞八十一篇。詳論人體構造及疾病之故。於是醫學大明。

(十一)天算　黃帝使羲和占日。常儀占月。臾區占星。車區占風。容成作蓋天。以象周天之形。大撓作甲子。以定歲之所在。又古代人民有數之觀念。而無計算之法。乃命隸首定數。而律度量衡由是成焉。

(十二)音樂　伏羲所造樂器。皆有音而無律。黃帝乃命伶倫以十二律作筩。制十二筩。又命榮獲鑄十二鐘。命大容作咸池之樂。至是而樂節始和。銅器亦始發明。

(十三)貨幣　古時以物易物。流通不便。帝始範金爲貨。制金刀。立五幣。以制國用。是爲泉幣之起源。

觀以上所舉十三事。吾人生活有能出此以外者乎。終帝之世。文化大進。吾人生息於此大陸。游乎今日之社會。回想五千年前吾祖經營締造其以貽我後昆者。豈不厚哉。

黃帝既歿。歷數百年而唐堯虞舜。皆以聖人之德相繼稱帝。中國之文化又一進步。孔子删詩書。斷自唐虞。孟子言必稱堯舜。蓋以二帝時政治修明。禮樂美備。民生樂利。天下太平之故也。是以黃帝以後。言治世者。咸推唐虞為中天之盛焉。唐虞二代之事。漸有可稽。非若前此之荒渺。其事迹重要而確鑿可考者。約有數端。

(一)政術　堯之治天下也。克明俊德。以親九族。九族親睦。平章百姓。百姓昭明。協和萬邦。黎明於變時雍。由貴近以及疏遠。此家族政治之大綱。

(二)治曆　太陰曆盛行於東洋諸國。而淵源於吾華。堯以前無曆法。黃帝時雖作甲子。然僅足以紀日。而不足以正曆。至是堯命羲和治曆象。敬授人時。羲仲宅嵎夷。羲叔宅南交。和仲宅昧谷。和叔宅朔方。凡此皆所以觀察天空日月星辰之變動。使知四時寒暑之推移也。測算既定。期三百有六旬有六日。以閏月定四時成歲。此後舜更以璇璣玉衡齊七政。華曆之發明。至此乃大進步。

(三)建學校　學校爲發展文化之要素。黃帝以來。生活雖便。教育未興。董仲舒謂五帝之大學曰成均。其制極簡。有虞氏襲之。立上庠於國。立下庠於鄉。以契爲司徒。主教化。又命夔典樂。教胄子。學校之重音樂。蓋始如此。

(四)定禮制　舜舉羣祀。凡上帝六宗山川羣神。皆有祭。又定朝覲及巡狩之禮。又養國老於上庠。養庶老於下庠。

(五)修刑法　除以墨劓剕宮大辟五刑外。又有象刑。官刑。教刑。贖刑等規定。迺災眚則赦。而後國法乃嚴。

(六)定官制　唐虞稽古。建官惟百。內設百揆。后稷司徒司空士共工虞秩宗典樂納言。九官分職而治。此當時中央政府之官制也。外建十二州州立牧一人以總其權。上置四岳以爲諸侯之長。諸侯之爵位。以五等分諸侯之親疏。以五服分方岳之下。遠近諸侯各率其屬。而來朝。皆所以籠馭而震讋之。此當時之地方官制也。內外治制。秩序井然。國家組織。於是燦然大備。

(七)錫姓氏　大封諸侯。錫以姓氏。所以鞏封建之制也。三代之裔。蓋皆出於此。

觀於二帝之政教制作。遠勝於羲黃之世。卽就學術思想而論。亦漸以萌芽。因其時發明筆與漆書文字於竹簡。文化由是大興。中國文學實開端於此。其可見者爲詩歌。古初民智質陋。無文章。文章之最古者。當推詩歌。蓋文詞起源。必先有韻而後有章。觀尚書大傳之卿雲歌。帝王世紀之擊壤歌。皆爲我國最古之韻文。是知韻文發達。必在唐虞以前。書曰詩言志。歌永言。舜時君臣賡歌一廷。亦韻文發達之證也。

此時尚有一大事。足爲千古模範者。則民本主義是也。堯不傳丹朱而傳舜。舜不傳商均而傳禹。其故以當時洪水滔天。民生困苦。天子有治水保民之責。勝任頗難。且諸侯權大。不易制御。必擇才德兼備者乃可也。且堯之在位也。設諫鼓。立謗木。使天下得攻其過。舜之在位也。明四目。達四聰。使天下得通其情。純取民本主義。蓋古代之政治思想。以爲天生民而立之君。使司牧之。而天下非一人所得私。故天子在位。必薦有德之人於天。使之主祭而百神享之。使之主事而事治。百姓安之。夫然後可畀以天下。故堯以不得舜爲己憂。舜以不得禹爲己憂。可知民本主義。爲我國數千年政治道德之基礎。亦卽今日民治思想之源泉。孔孟之推崇堯舜。有以也夫。

禹受舜禪而爲天子。其治績多與古異。蓋禹之於堯舜。一如秦之於三代。亦古今之大界也。茲舉其與人生及政治有重大之關係者如次。

(一)治水　中國洪水不知起於何時。至堯舜而爲害最盛。帝典稱洪水滔天。浩浩懷山襄陵。則其水之大可知矣。是時禽獸偪人。民無甯居。營巢營窟。非復人類之世界。鯀受舜命治水。不能順其就下之性。而築堤防以障之。故一朝潰決。爲害滋甚。此其所以無功也。舜乃殛鯀以謝天下。復命禹治水。禹承鯀後。謀幹父蠱。復念災黎之衆。乃毅然以治水自任。居外十三年。三過家門不入。其堅忍可想見矣。其在外也。陸行乘車。水行乘舟。泥行乘橇。山行乘檋。以從事於鑿山通道。疏九河。瀹濟漯。決汝漢。排淮泗。俾氾濫之水。得歸正流。於是水患乃大治。四境乂安。疆理天下。奠九州而正五服。然則吾神州之不致陸沈。民族之能宅斯土。發抒文化者。謂非聖禹之功可乎。

九州表

州名	界畫	今地	附註
冀州	三面距河	山西直隸	帝都所在
兗州	濟水以北河水以南	直隸東南山東西南	
青州	海以西泰山以東	山東東境	
徐州	海以西泰山以南淮以北	山東南江蘇北及安徽東北	
揚州	淮以南海以西	江蘇安徽南及浙江西北	一說兼有閩廣嶺地
荊州	荊山以南衡山以北	湖北南境及湖南北境	

豫州	荊山以北河水以南	湖北北境及河南南境	
梁州	華山西南黑水以東	陝西南境甘肅東南及四川	此黑水卽雲南之怒江
雍州	黑水東北河水西南	陝甘北境及嘉峪關外地	此黑水卽甘肅張掖河之上流

五服圖

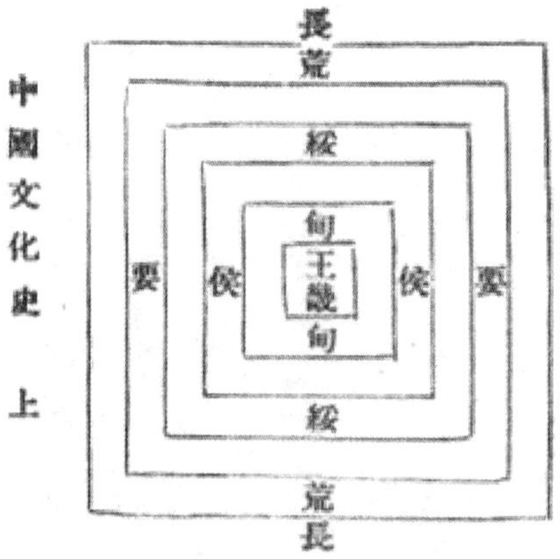

距王畿五百里爲甸服

又五百里爲侯服

又五百里爲綏服

又五百里爲要服

又五百里爲荒服

荒服外有餘地則建長以統率之

(二)封建　夏之封建爵分五等。公侯伯子男是也。封地分三等。公侯皆方百里。伯七十里。子男五十里。

(三)官制　夏世有三公九卿二十七大夫八十一元士之制。

(四)田制　夏用貢法。每夫授田五十畝。各以其五畝所得納於公家。所謂貢法也。

(五)學制　夏之大學曰東序。小學曰西序。養國老於東序。養庶老於西序。更立學於鄉曰校。

(六)器用　禹以治水故。加柁及帆檣篷碇於舟。洪水既平。又鑄九鼎以象九州之物。鑄幣以濟民用。他若夷狄作酒。烏曹作磚。昆吾作瓦。叔均作耙作犂。公劉作戽斗。而交通之具。工商之業。飲食之品。耕稼之方。賴以繁興。

(七)君權　禹承唐虞之盛。聲教四訖。定九州。立五服。行封建之制。封地分爲三等。國數以萬計。由是中央集權。威信樹於內外。

（八）傳子　黃帝以前。君統授受制度多不可知。然由黃帝至禹。雖同出一族。而不皆傳子。至禹雖有私天下之心。恐人民不服。未敢公然行之。乃倣堯舜故事。豫舉益自代。以觀人心。果也當時臣民以禹有治水功。遂以君位酬報其子孫。啓因卽位。君主世襲。由是遂成習慣。

至夏代文章視堯舜時更發達。如書之堯典舜典禹貢。爲夏史官所作。氣極渾厚。實有可觀。亦可見其文章之進步。且禹貢一篇。記山川田野物產貢賦與禹治水經始之跡。可謂羅織九州而無餘蘊。爲周官職方氏掌四海之地理辨九州之分國所本。而後世研究水利之興廢田賦之升降。其學術亦必本乎是。

按禹貢云厥貢惟金三品。胡渭禹貢錐指云揚州銀鑛最著者有二所。今皆江西地。然則禹貢又爲後世言鑛學者所祖矣。

夏傳四百年而商興。湯以伐桀救民而得天下。開諸侯革命之局。歷代之以兵力取君位。蓋自此始。是亦政治界上之新紀元也。蓋君主世襲。則關於君位繼承。必出於競爭。勢所必然。自此歷六百餘年。其間賢聖之君六七作。故累盛累衰。其政治學術。視夏代又一進步。略述如左。

（一）封建　商代封爵封地。與夏略同。而國數則大減。祗有三千國。其故有二。

一由諸侯之互相兼併。

一由天子滅諸侯以示威。

蓋時代愈近則國數愈少。亦可見分裂之漸歸統一。而帝權日張矣。

（二）官制　殷氏建二相（左相右相）六太（太宰太宗太史太祝太士太伯）五官（司徒司馬司空司士司寇）六府（司土司木司水司草司器司

貨)六工(土工木工金工石工獸工草工)諸官。其制非唐虞之舊。而爲周官之導源。

(三)田制　殷復井田之制。以六百三十畝畫爲九區。每區七十畝。中一區爲公田。餘八區爲私田。以授八家。各出其餘力助耕公田。而私田則免其稅。所謂助法也。

(四)學制　殷之大學曰右學。小學曰左學。爲養老及學六藝之所。於夏之鄉校外。復立學於州曰序。

(五)製棺　古無棺槨。人死則委之溝壑。後稍進化。厚衣以薪葬之田野。至舜時始用瓦棺。(與建屋之瓦必異。殆又一種火熟之瓦器耳。然亦可謂瓦之先聲)至商乃易瓦而爲木。此葬事進化之沿革也。

殷代如伊尹海鳩汝房(湯臣)伊陟臣扈巫咸(大戊之臣)巫賢(祖乙之臣

）傳說甘盤祖己（武丁之臣）及紂時微子比干箕子膠鬲諸人。其學術必有可觀。惜記載無傳焉。伊訓說命係古文僞書。未足爲據。可據者獨箕子告武王洪範一篇耳。洪範九疇者。書所記一曰五行。二曰五事。三曰八政。四曰五紀。五曰皇極。六曰三德。七曰稽疑。八曰庶徵。九曰五福六極是也。書嘗稱水火金木土穀爲六府。正德利用厚生爲三事。洪範五行與六府相近。皇極五事三德與正德相近。蓋皆以人生必需之事。及與社會結合人類之法。而發爲文章。然則理想論理之學術。至夏殷而始開。夏殷時代之人民思想。亦不外乎是。

按中國古書有三墳五典八索九丘之名。惜皆不傳。不知其書若何。今所存三墳。係後人僞作也。

詩歌歷夏至殷亦稍進步。觀於詩經商頌之駿發而嚴厲。孔子刪詩所以既取周詩而復上取商頌。卽此可知其一斑夏、商二代之民，氣亦各不同。夏尙忠，商尙質，蓋夏代黎民脫洪水之災禍，因思治水功德，甚愛戴其君主。觀其時有吾君不游吾何以休之諺可知。至於殷人信鬼，民愚而性樸，其愛國心至重。故周既滅商，沿及成康，其遺民思商者不絕。周書所稱迷民、讎民、頑民，皆指殷民之不忘故國也。

第三章　周公之政治經濟及其時代

我國文化，發生於犧、農、黃帝時代，而大進步於周初。周初之事，其關係於中國者至深。中國若非周初之文化，恐今日尙居草昧。蓋周初所定制度，實集合黃帝堯舜禹湯諸聖之大成。中國數千年之政教典禮，胥基於此。中國之有周初，猶歐洲之有希臘也。夫周初之政治所以修明，禮樂之所以美備者，賴有周公。周公思兼三王，以施四事。興禮樂，改制度，封同姓，一代典章，燦然大備。孔子之前。黃帝以後。一人而已。考其所定制度。無不完善。實開後世治化之源。孔子曰周監於二代。郁郁乎文哉。吾從周。可知周制之盡善盡美矣。就其制作之最有功於文化者述之。

（一）封建　夏商開國之初。封建絕少。蓋當時諸侯多仍舊封。別無隙地以位置新國故也。周則誅紂之外。滅國五十。因之大行封建。以厚其勢力。自天子諸侯。各有定分。不得逾越。天下之勢。如身之使臂。臂之使指。分天下爲九州。以中央一州爲王畿。餘八州封諸侯。王畿方千里。大國方百里。次國方七十里。小國方五十里。每州置大國三十。次國六十。小國百二十。凡二百一十國。王畿之內。天子自封其臣。有大國九。次國二十一。小國六十三。凡九十三國。故周初天下諸侯之數。都千七百七十三國。至春秋戰國。諸侯相攻若仇讎。弱小莫能保。而大國所治。或逾千里矣。

(二)官制 周損益二代成法，官制益備。太師太傅太保謂之三公。因於夏也。少師少傅少保謂之三孤。周所創也。是二者不必備。惟其人。蓋論道經邦。燮理陰陽。爲天子輔弼之官。而不與政事也。其有政事之實權者曰六官。六官之長曰卿。其下有大夫士等屬官六十。故周代總官號曰三百六十。以象周天之度。其職掌如左。

官長	職掌	
天官大冢宰	掌邦治統百官均四海	財政
地官大司徒	掌邦敎數五典擾兆民	選士
春官大宗伯	掌邦禮治神人和上下	祭祀五禮
夏官大司馬	掌邦政統六師平邦國	兵賦
秋官大司寇	掌邦禁詰姦慝刑暴亂	刑法

冬官大司空　掌邦事居四民生百物　民政

其官名皆因前代之舊而稍改之。如冢宰卽殷之太宰。宗伯卽殷之太宗之類是也。至地方官制皆屬於地官。有閭胥(二十五家爲閭)有旅師(百家爲旅)有黨正。(五百家爲黨)有州長。(二千五百家爲州)有鄉大夫。(萬二千五百家爲鄉)皆大小相屬。蓋周初立法。集上下相和君民共治之政體。故下有州老鄉老。參州長鄉大夫之政。上有外朝。(周禮小司寇掌外朝之政以致萬民而詢焉。一曰詢國危、二曰詢國遷、三曰詢立君、)決大事於輿論也。

王畿以外之地。五國爲屬。屬有長。十國爲連。連有帥。三十國爲卒。卒有正。二百一十國爲州。州有伯、天有共九州。自王畿以外有八伯。各率其屬以分隸周召二相。自陝以東。周公主之。自陝以西召公主之。

按八伯各統治其配下之諸侯。代天子以布政施令。如清之布政使稱爲方伯。卽沿此制也。

〔三〕爵祿　爵祿之制。自天子以至庶人。皆有一定。天子之爵。居諸爵之最高。而非超絕於臣民之外者。君臣上下。各有定祿。故當時之制。天子一位。公一位。侯一位。伯一位。子男同一位。凡五等。君一位。卿一位。大夫一位。上士一位。中士一位。下士一位。凡六等。天子之制。地方千里。公侯皆方百里。伯七十里。子男五十里。凡四等。不能五十里者。不達於天子。附於諸侯曰附庸。天子之卿受地視侯。大夫受地視伯。元士受地視子男。大國君十卿祿。卿祿四大夫。大夫倍上士。上士倍中士。中士倍下士。下士與庶人在官者同祿。(食九人)次國君十卿祿。卿祿三大夫。大夫倍上士。上士倍中士。中士倍下士。下士與庶人在官者同祿。小國君十卿祿。卿祿二大夫。大夫倍上士。上士倍中士。中士倍下士。下士與庶人在官者同祿。其祿計耕者之所獲。一夫百畝之分。上農夫食九人。上次食八人。中食七人。中次食六人。下食五人。庶人在官者。其祿以是爲差。祿足以代其耕也。

按諸侯入則爲王朝卿士。出則爲列國諸侯。故卿士與諸侯之秩同也。

(四)田制　周代田制。採均貧富薄賦斂之意。行井田之制。一夫授田百畝。年二十而授田。六十而還田。受田必長子。未成年者爲餘夫。僅受田二十五畝。俟其壯而有室。乃更受百畝之田。方里而井。井九百畝。其中爲公田。八家皆私百畝。同養公田。公田之中。以二十畝爲廬舍。一家得二畝半。八家共耕八十畝。是爲什一之賦。凡人民不得私有田宅。其受田又有定額。故人各有田。無失業之游氏。而亦無甚貧甚富之差。近世所謂社會主義。均產主義。蓋無有精於此者。

夏田制

50	50	50	50	50
50	50	50	50	50

商田制

70	70	70
70	70	70
70	70	70

周田制

100	100	100
100	100	100
100	100	100

(五)稅法　周用徹法。徹通也。謂通用二代。夏商之法也。都鄙用貢法。以人衆地狹也。鄉遂用助法。以地廣人稀也。八家共耕公田。通力合作。計畝均收。大率民九而公一。卽粟米之征也。此外有力役之征。男子自二十始至六十五止。皆須服役。而有一定之時日。有布縷之征。命民間納絹布。以供公家之用。後世租庸調。卽濫觴於是。三者又有關市之征。山澤漆林之征。周時租稅不過如是。至季世列國兵爭。財用不足。遂暴斂橫征。十分取四。

十分取五。民不堪命矣。

(六)兵制　後世之兵。出於召募。周則採用通國義務兵之制。寓兵於農。凡農民皆有當兵之責。其徵集之法。大概方里爲井。(八家)四井爲邑。(三十二家)四邑爲邱。(一百二十八家)四邱爲甸。(五百一十二家)邱出戎馬一匹。牛三頭。甸出戎馬四匹。兵車一乘。牛十二頭。甲士三人。步卒七十二人。運輜重者二十五人。卿大夫采地之大者。提封萬井。除去山川沈斥城池邑居園囿術路。以六千四百井計。出戎馬四百匹。兵車百乘。故稱百乘之家。諸侯之大者。提封十萬井。以六萬四千井計。出戎馬四千匹。兵車千乘。故稱千乘之國。天子畿方千里。提封百萬井。以六十四萬井計。出戎馬四萬匹。兵車萬乘。故稱萬乘之主。服役年限在二十歲至六十歲之間。大抵終身不過就役一次。或二三次。王畿之民。半歲而更替。諸侯之民。

一歲而更替。簡閱之法。連師比年簡車。卒正三年簡徒。羣伯五年乃大簡車徒。

周代兵制第一表

軍	師	旅	卒	兩	伍
軍(五師)	師(五旅)	旅(五卒)	卒(四兩)	兩(五伍)	伍(五人)
	師(五旅)	旅(五卒)	卒四兩	兩(五伍)	伍(五人)
	師(五旅)	旅(五卒)	上士率之	下士率之	伍(五人)
	中大夫率之	下大夫率之	卒(四兩)	兩(五伍)	伍(五人)
	師(五旅)	旅(五卒)	卒(四兩)	兩(五伍)	伍(五人)
	師(五旅)	旅(五卒)	卒(四兩)		
	一萬二千五百人	二千五百人	五百人	百人	二十五人

周代兵制第二表

王	六鄉六遂	六軍七萬五千人此舉正卒言下同
大國公侯	三鄉三遂	三軍三萬七千五百人

次國伯		二鄉二遂	二軍二萬五千人
小國子男		一鄉一遂	一軍萬二千五百人
伍	五人	伍長下士	一伍長二千五百人 六軍共一萬五千人
兩	二十五人	兩司馬中士	一兩司馬五百人 六軍共三千人
卒	百人	卒長上士	一卒長一百二十五人 六軍共七百五十人
旅	五百人	旅帥下大夫	一旅帥二十五 六軍共一百五十人
師	二千五百人	師帥中大夫	一師帥五 六軍共三十人
軍	萬二千五百人	軍將卿	一軍一人 六軍共六卿

（七）學校　中國歷代之教育以周爲最普及。學校之科學亦以周爲最完備。京師大學曰辟雍。諸侯大學曰頖宮。地方學校閭有塾。黨有庠。州有序。大概以八歲入小學、十五及十八入大學、其修業年限以九年計。比年入

學·中年考校。至九年而大成。始得入官。不率敎者。則有懲戒遷謫之刑。其制小學之秀者移於鄉學·卽今之由前期小學·入後期小學·之制也。鄉學·之秀者移於庠。卽今之由小學·升入中學·之制也。庠之秀者移於國學·卽今之由中學·升大學、之制也。諸侯歲貢其秀者於天子。學·於大學·卽今之升大學·院之制也。其敎科中學·以上有禮樂射御書數等科。旁及格致誠正修身齊家治國平天下之要道。中學·以下課家室長幼之序。洒掃應對之節、及孝弟謹信愛衆親仁文字諸科、其敎授亦有一定之期。就幼至長言之。如禮內則云六年敎之數與方名。九年敎之數術。卽地理與數學也。十年學書計、期夕學幼儀、卽語言文字之學·及修身科也。(計亦數學)十有三年學樂誦詩。卽音樂唱歌也。舞勺成童舞象。勺用籥象用干戈。學射御。卽體操科之意也。二十年學禮惇行孝弟。卽倫理科也。三十博學無方。

卽高等之選科也。就一歲之時言之。如文王世子篇云。春夏教干戈。秋冬教羽籥。(此教於東序者)又云春絃夏誦。秋學禮。冬讀書。(此教於瞽宗上庠者)皆指大學課程而言。就一日之課時言之。如國語士朝而受業。晝而講貫。夕而修復。夜而記過無憾。是周之設科。蓋有一定之秩序也。

(八)選舉　命鄕論秀士升之司徒。曰選士。司徒論選士之秀者而升之學。(大學)曰俊士。舉於司徒者。免鄕役。不給社事。供田賦。舉於學者。免司徒之役。不赴軍旅。奉祭祀。俊士既舉於學。而免役。曰造士。大樂正論造士之秀者以告於王而升之司馬。曰進士。司馬論定官材。舉進士之賢者以告於王而定其論。論定然後官之。任官然後爵之。位定然後祿之。其由鄕學進者。鄕大夫掌之。大司徒用爲鄕遂之吏。由國學進者。大樂正掌之。司馬用爲大夫士。

（九）刑法　刑法亦與其他政治相同。推本於天。以爲天討有罪之用。君臣皆不得私。其刑名於前代墨劓剕宮大辟之五刑、及流刑、扑刑、外。又有刖髡桎梏焚炙徒隸等刑。皆以示懲惡之意。惟關於刑事之重者常多寬厚之典。（1）罪人不孥。（2）年七十以上者不加刑。（3）犯罪由於不知過誤遺忘者皆得宥恕輕減。（4）刑王族及有爵者及婦人皆不於市。（5）士大夫與老弱者不使服徒刑。　其關於民事之訟者特重實證。（1）涉於人事之訟。以鄰人爲證。（2）涉於土地之訟。以鄰國之本圖爲證。（3）涉於買賣之訟。以約劑爲證。（4）涉於貸借之訟。以證券爲據。聽訟日有史官。記原被告之問答。聽犯罪之訟。有先入券書與鈞金之例。聽貨財之訟。有使入束矢之例。出訴之期限。不論刑事民事。因地而有一定之法。過期不理。歲終則將一年間斷定獄訟集之。名曰法例。藏之天府。

（十）實業　周公於實業極重。法亦極詳。不僅為政治家。亦大經濟家也。其設施如左。

1. 農業　周承后稷公劉之遺俗。最重農業。天子有籍田祈穀勞農。諸農政。又設專官以督田圃。故農學益有增進。其時土會之法。辨五地之物生。以土化之法。使物地相宜。又以獸骨製汁。相土宜以施之。名曰糞種。是周世業農者於地質學化學肥料學均有所發明。

2. 工業　周代工業製作精巧。如武王時作羽扇置於車後。用以招涼。宣王時邢夷作墨書字於帛等是也。五方之民。於工藝各有所長。遷地則弗能為良。又工必有官。凡考工記所謂某人者。皆以事名官也。且分工之制。亦始於周。如同一車也。而為之者有輪人輿人車人諸官。即分工之證。

3. 商業　周代典商有官。統於司徒。司市掌市之治教政刑。禁華靡。去詐偽。肆長使陳列貨物。不得美惡混淆。賈師定貨物之價值。不使貴賤無常。其他諸官皆有督治商業之職。其時又有旅商。出入關門。必以璽節。司關掌之。其制殆猶今之護照。周代之商政。可謂備矣。

周公之政治。如是之完善。教育如是之周詳。實業如是之鄭重。蓋周公之措施。詩書所述。要在安民。富而教之也。故民皆勤工樂業。先公後私。其詩曰有渰淒淒。興雨祈祈。雨我公田。遂及我私。衣食足而知榮辱。廉讓生而息爭訟。成康之世。刑措不用者四十餘年。其以此歟。

按犧農黃帝之創作。注重人民生活。而周公之創作。則注重在國家政治。總之由簡單而漸趨複雜。由物質而進為精神。皆文化大進之徵也。

周之學術發達。始自文王。商紂拘文王於羑里。文王演易作彖辭。是能研究哲學者也。武王克商。訪識臣。得夏洪範九疇。以敍於時。周召望散諸公。同輔王室。學之有裨於世者。如太公六韜。可決其爲後世兵學之祖。惜不傳於今耳。戰國時蘇秦所得太公兵書。論者已疑其爲僞託。其傳於今者。惟周公之著作而已。周公鑒於夏商之文質與章。損益折衷。增減伸縮。以成一朝之制度。於是周禮儀禮諸書出焉。論周禮者曰書成於居攝之後。未及行世。故建都之制。與洛誥召誥不合。封國之制與武城孟子不合。又或謂周禮作於周初。經後人竄入後世之注。錯雜增刪。非復周公之舊。其實今所傳之周禮。固非全出公手。且冬官考工記一篇。已爲後人所補。然欲知周代社會之狀態。設官之制。立政之法。與近今西人政治學術相符處。舍周禮無以考見。

按周禮與後代及近今東西各國之制。互相比較。似異而實同者。不一而足。周禮政要一書言之綦詳。讀之可以見周公之治術。即可以見周公之學術。

儀禮一書。為三禮中獨完之書（周禮。儀禮。禮記。為三禮）上自君臣交接之典禮。下至個人之儀節。燦然炳然。為周公一大著作。而當時必舉世奉行之。是周初之學術。如花之爛熳芬芳。供人玩賞也。

鬻熊為文王師。世所傳鬻子一書。雖真偽莫辨。然子書之始。殆於此焉。周初學者若諸子爭鳴之世。何也。海內乂安。刑措弗用。人民一守周公之成法。雖有他種學說。不足以動天下之耳目。故凡著述如鬻子者。皆湮沒不傳。

昭王南征不返。穆王務為遠略。皆置學術弗講。然穆王亦能增修刑書。作呂刑。幽厲不肖。國政喪亂。宣王中興。削平外患。其時召虎方叔尹吉甫諸賢之學術。必拔起一時。而詩僅稱其武功。絕不道及其學術。蓋學術為兵事所掩也。

周代詩歌亦大有進步。周世學校皆教以詩。且有太史之官。採取鄉里之歌謠。

上之王庭。當時之詩。或四言。或五言。雖句之長短不定。然善述情寫景。非若後世之浮華纖巧也。

周代於學術文章外。與文化有絕大之關係者。一爲禮制。一爲宗教。

（一）禮制　三代民智漸開。情欲亦隨之長進。而情之偏勝。恆爲禍惡之源。於是周公本人情以制禮。曲爲之防。事爲之制。以人類有男女之別。妬忌之情。爲制婚姻之禮。有交接長幼之序。爲制鄉飲之禮。有哀死思遠之情。爲制喪祭之禮。以禮義之始。在於正容體。齊顏色。順辭令。於是乎有冠禮。以進退周旋之間。可以觀人德行。於是乎有射禮。此外行於天子諸侯間者。更有燕饗朝聘之禮。大射之禮。凡所以別貴賤。和上下。定民志。當時有禮儀三千。周末諸侯惡其害己。而皆去其籍。故今不詳。然民間數千年之風俗。由此構成。至今尙占勢力。故不可忽視之也。

（二）宗教 大凡人類宗教思想之起源。遠在人治未興以前。懾於自然現象之權威。乃生敬虔崇拜之心。我族亦然。惟自黃帝以後之宗教。已有高尚之理想。一定之儀式。茲略述之。我族一貫之宗教儀式。則有祭神祀鬼。念宇宙之大。必有創造之主宰。於是乎信仰上帝而祭天。燔柴於泰壇。祭天也。念國家生存必有開化之歷史。於是乎追念先烈而祭祖。禘嘗於宗廟。祭祖也。推之日月星辰。民所瞻仰也。則祭之。山林川谷邱陵。民所取材用也。則祭之。於是乎有百神。法施於民則祀之。以死勤事則祀之。於是乎有社稷。非此族也。不在祀典。觀乎此。可見我國宗教雖與巴比倫之崇拜天象。波斯之祀火。埃及之祭風雷日月。同取多神教之形式。然皆有理由。有限制。理想圓滿而一貫。不可與意義淺薄之多神教等視之也。古來有天下者。以政教不分之故。祭神治民兩事並重。殆有政治元首而兼宗教領袖之觀。故賢者非隆祭祀。挾神權。不得爲天子諸侯。所謂百神不享是也。天子諸侯祭祀不謹。必招天討。桀紂暴(失祭也)虐。葛伯不祀是也。孔子云。明乎郊社之禮。禘嘗之義。治國如示諸掌。意在是也。

因禮制宗教之繁重。使文化上生絕大之影響者。則文藝美術與人民之風氣是也。

(一)文藝美術　考進化公例。文藝美術之發達。大都起源於宗教。故詩先樂頌而後有風雅。器先祭器而後有登器。建築先宗廟而後有明堂。衣服先祭服而後有燕服。周代之文藝。六經可得而考焉。音樂一科。周代列爲大學主科。貴族子弟。無不嫻習。故尤爲發達。此外宮室有宗廟明堂之美。器皿有犧尊象斝之精。車馬衣服有大路繁纓龍袞黼黻之華。蓋其時繪畫雕刻鍊冶刺繡塗漆織物諸藝。均已發達。是知是代之文化。純爲神權的文化。神道設教之功大矣哉。

(二)民風　孔子曰周尚文。又曰周監於二代。郁郁乎文哉。是周人日進於文明。乃周公制禮作樂之效果也。惟禮讓太過。民氣漸柔。故周末不免有文勝之弊。

第四章　春秋戰國之社會劇變與政治學術思想之發達

周之東遷。實中國文化之一大紛歧點也。蓋東遷而後。中央集權之制廢。而羣雄割據之事起。其間二百四十年之事跡。皆錄於孔子之筆削春秋。故稱是時代爲春秋。(春秋託始於魯隱元年。即周平王四十九年。)自是以後。諸侯互爭。強幷弱。大兼小。當周初諸侯凡千八百。至是諸侯存者僅百六十餘。(蠻夷戎狄亦在其內)而其間最有關係者。又祇十四國而已。顧是等諸國侯之衡突交涉。實成二百四十年之全歷史。春秋之歷史。以霸者之遞降爲主。可分三時期焉。

(1) 齊桓以前。非無霸者。鄭莊公固嘗稱雄一時。然其勢力所及之範圍狹小。而無由自擴。諸侯不統一。會盟不信。征伐數興。戎狄荊楚交侵。中國賴齊桓崛起。一匡天下。九合諸侯。而後中原略定。此爲第一時期。

(2) 齊桓既沒。霸業遂衰。宋襄繼之。終於不競。荊楚方强。凌虐上國。戎狄數侵。周室有搖動之勢。迨晉文出而定之。北制戎狄。南制强楚。襄靈成景之間。秦穆楚莊先後稱霸。惟晉世尚强。故雖楚雄於南。秦雄於西。而中原無大變局。此爲第二時期。

(3) 晉悼再霸。其盛幾軼桓文。然是時大夫執政之漸已開。晉之六卿。齊之田氏。魯之三家。以及宋之華向。衛之孫甯。大夫陪臣。交相僭恣。君權下移。

其小國邱墟。大局遂成戰國。此爲第三時期。

春秋時諸侯有霸國之資格者。舊史向稱五霸。齊宋晉楚秦是已。然有名不列五霸而國勢亦強者爲吳越。亦有名爲霸而實不足以稱霸者爲宋。而霸國之中又以晉楚爲最強。茲將其強弱之原由略述如左。

(一)宋襄公　宋爲四戰之國。地形平易。不能負固以制諸侯。且襄公才非卓絕。朝無賢相。故雖興而不能霸。霸而不能久。卒爲楚所敗。霸業因以不成。

(二)晉楚秦吳越諸國　此數國之所以獨強者。以得地勢之故。晉居北。楚居南。秦居西。吳越居東南。皆僻處一隅。當時中原諸侯。地醜德齊。方從事於會盟朝聘。莫敢先動。此數國既偏僻。則肆意兼併而無所顧忌。且各以一面向中國爭霸。無後顧之憂。其勢尤強大也。然六國之中。晉楚獨強。齊秦吳越四國則不如者何也。考其原因亦地位關係。分述如左。

1. 晉楚　晉之近旁皆戎狄。楚之近旁皆諸姬。憑恃武力以剪除異族。尤無所躊躇。故二國兼併獨多。傳言漢陽諸姬。楚實盡之。蓋楚在南方。勢處獨尊。無牽掣之患。中原諸侯與楚相距。較爲遼遠。故楚得倍肆其欲而無所顧忌也。

2. 齊秦　齊之近旁則爲魯衛宋燕諸國。未能逞其野心。秦欲東出。則在晉之强與君之尊以隔之。不得逞其所欲爲。故一則僅表東海。一則僅霸西戎。

3. 吳越　二國僻在荒遠。開化最晚。至春秋之季始能崛起。

如上所述。春秋紛爭之大勢。常在晉楚。晉在北。楚在南。一南北戰爭之時代也。

南北相爭而適當其中樞。爲戰爭之旋渦者。厥惟鄭。蓋鄭居南北之衝。介乎兩大之間。晉人南下。楚人北上。鄭爲必爭之地。不得鄭則霸業皆不可成。而鄭之國際因處難境矣。事楚則晉怒。事晉則楚怒。此所以無歲不被兵禍也。於是鄭之向背恆視晉楚强弱爲轉移。晉强則從晉。楚强則從楚。然而晉楚皆以得鄭決勝負。而鄭之受兵禍。終較他國爲特甚。此則當時戰爭之大勢也。

霸者何以起。曰由其威力足以在諸侯之上。而一時之名望又足以服制於天下也。然其所以號召天下諸侯者。不外乎二途。尊王攘夷是也。其用意如左。

(一)尊王　因東周王室雖微。而人心未去。霸者遂假定稱制。其名旣美而諸侯乃服從之。於是霸者之名。爲天下所公認。

(二)攘夷　春秋時代之外族。足與華族抵抗者。南有荊楚。西有犬戎驪戎之蔓延。北則玁狁數入寇。赤狄白狄自山西東及直隸。東北則山戎漸漸南下。此等族人乘中國多事。爭相侵入。或久占要地。儼然一國。爲中國害。

霸者振其威力。統率諸侯以靖內難而拒外寇。尤爲重大之任務。總之周室衰微。夷狄交侵。故尊王攘夷之說。爲圖霸者所利用。蓋非是則名不正。名不正不能使諸侯聽命也。霸主既假此名義。日從事於糾合諸侯。而國際交涉以起。其交涉時使命往來。會盟訂約。雖無所謂公法。而禮法亦未嘗無也。略舉其禮法如次。

(一)强國對於弱國。　强國對於鄰近之弱國。皆有救災恤貧定亂扶危之義務。亦猶今之弱國發生內亂外患水旱災疾。他國起而鎮定之。干涉之。賑濟之。使恢復原狀也。

(二)弱國對於强國。　保護國屬國之名稱雖未見。然以積勢之故。國際地位亦自不同。弱國對强國。平時有朝見賦貢之禮節。戰時有從征假道犒師之義務。亦猶今之最惠條約也。

(三)國際會議。不時國與國發生問題。則集一二國或多數國家會議。甚至插血爲盟。亦猶今之同盟協約也。其會盟時必有盟主。亦猶今之國際會議。必有強國任主席負召集之義務也。

(四)戰時交際。今之國際間發生戰事時。必先向列國宣言。向敵國致覺書。所以申說其興師之理由也。春秋時列國相爭。師出亦必有名。亦猶今之戰爭時。必遵國際戰法以維人道。春秋時聞喪必退師。不害使臣。不傷國君。其禮法亦有一定。

霸主之對外政策既如上述。其治內政策則亦漸異於古。蓋三代之政治爲道治主義。春秋以後之政治爲法治主義。霸主介乎其間爲兩主義之連鎖。一方用道治主義。一方漸進於法治主義。此亦中國政治思想變遷之趨勢也。當時各國類都用此政策以治內。行之而奏奇效者齊國是也。用此政策以治齊。使齊一躍而致於富强。開春秋霸業之先聲者。則管子是也。管子者中國之最大政治家而一學術思想界一鉅子也。孔子且嘗稱道之不已。一則曰如其仁。如其仁。再則曰微管仲。吾其被髮左衽矣。豈非以其事業之所影響。功德之所沾被。不徒在區區一齊。而實能爲在中國歷史上開一新生面耶。管子之治齊也。不專用道治而兼任法律。是以其民能守法而向化。觀其言可以知之。

（一）道治　管子云禮義廉恥。國之四維。四維不張。國乃滅亡。則孔子道之以德齊之以禮之意也。

（二）法治　管子曰不法法則事無常。法不法則令不行。令而不行。則令不法也。法而不行。則修令者不審也。是管子之言法治主義。以得良法爲究竟者也。

觀管子之治法與孟子之主張，實無不同。孟子曰，徒善不足以爲政。亦以法不可不用也。又曰徒法不能以自行。亦以道不可偏廢也。蓋春秋以降世風不古。非於道治主義之外。兼用法治主義。不足以懲惡而勸善也。管子相桓公致富强。一匡天下。九合諸侯。其事業足爲後世法。不可勝數。舉其大者如左。

（一）任官　管子云德義未明於朝者。則不可加以尊位。功力未見於國家者。則不可授以重祿。臨事不信於民者。則不可使任大官。又曰虧令者死。益令者死。不行令者死。留令者死。是管子吏治之特色。登庸固得其當。綜覈尤得其宜。管子以一言蔽之曰。選賢論材而待之以法而已。是言也誠任官之要義。黜陟之良規也。

（二）官制　近世中央官制。多分內務外交財政農商司法陸軍等部。觀管子之中央官制。頗類近世。列表如左。

相
- 大諫……高等顧問
- 將……陸軍總長
- 理……司法總長
- 田……（虞師司空工師）……農商總長
- 行……外交總長
- 鄉師……內務總長

按右表所缺者教育與財政也。因教育行政全屬鄉師之責任。財政則概屬之宰相。古者家宰制國用。管子殆亦猶斯歟。

管子之地方制度。寓兵於民。其自治制亦兼軍政民政二事。所謂武政聽屬。文政聽鄉是也。今以家爲單位。以國爲最高位。圖其系統如左。

家……軌（五家）
- 里（十軌）　連（四里）　鄉（十連）　屬（三鄉）（都邑之制）
- 邑（六軌）　卒（十邑）　鄉（十卒）　屬（三鄉）（郊野之制）

→ 國

(三)教育　管子之教育方針。在整齊其民。一其道德。使無由於淫非之地。其法制國爲二十一鄉。一鄉之中四民異處。居異處則事專。事專則業精。無見異思遷之弊。有觀摩切磋之效。

(四)理財　管子爲大理財家。後世計臣多宗之。然管子之理財。不重國家財政。而重國民經濟。卽孔子百姓足君孰與不足之意也。

1 獎勵生產　管子曰辟田疇。利壇宅。修樹藝。勸士民。勉稼穡。修牆屋。此謂厚其生。發伏利。輸滯積。修道途。便關市。愼將宿。此謂輸之以財。導水潦。利陂溝。決潘渚。潰泥滯。通鬱閉。愼津梁。此謂遺之以利。大旨主於盡地利。勸農商。與尋常之政治家之論旨無以異。其言獎勵工業者不可枚舉。讀其輕重諸篇。可以知其詳矣。

2 撙節消費　管子極獎勵勤儉儲蓄。觀其言曰國侈則用費。用費則民貧。民貧則奸智生。奸智生則邪巧作。又曰商敗而不務本貨則民偸處而不事積聚。是管子以奢爲大戒也。

3 調・劑・分・配　孔子嘗言不患寡而患不均。均無貧。管子一書。於此尤三致意焉。其言曰貧富無度則失。又曰甚富不可使。甚貧不知恥。管子之意。以政治經濟上種種弊害。皆起於貧富之不齊。而此致亂之本不除。則日言生產無益也。

4 減・輕・稅・率　管子之理財政策。以不收租稅爲原則。以收租稅爲例外。其言曰民予則喜。奪則怒。民情皆然。先王知其然。故見予之形。不見奪之理。故民愛可洽於上也。租籍者所以強求也。租稅者所以慮而請也。王霸之君。去其所以強求。廢其所慮而請。故天下樂從也。管子無稅主義之說如此。然國無稅而國用何出。管子亦有說焉。管子嘗對桓公問曰。官山海爲可耳。其說頗詳。質言之。鹽與鐵皆歸政府專賣而已。後世以鹽鐵爲官業。管子作之也。

(五)外交　管子之外交。首在審天下之大勢。觀已國所處之位置何如。然後應之以施政策焉。其言曰。强國衆合强以攻弱以圖霸。强國少合小以攻大以圖王。此管子泛論形勢之言也。而當春秋時代則衆强並立。勢均力敵。管子以是爲當稱霸之時。

(六)軍政　管子之治兵。皆務不戰而屈人。非待戰而後屈人者也。其言曰。爲兵之數存乎聚財而財無敵。存乎論工而工無敵。存乎制器而器無敵。存乎選士而士無敵。存乎政教而政教無敵。存乎服習而服習無敵。存乎徧知天下而徧知天下無敵。存乎明於機敝而明於機敝無敵。故兵未出境而無敵者八。此其言雖若老生常談。然軍政之本盡於是矣。至其實施之軍政。則作內政而寄軍令也。以五家爲軌。軌爲之長。有戰事則五人爲伍。軌長率十軌。爲里。里置有司。有戰事則五十人爲小戎。里有司率之。四里爲連。連爲之長。有戰事則二百人爲卒。連長帥之。十連爲鄉。鄉有良人。有戰事則二千人爲旅。鄉良人率之。五鄉一帥。故萬人爲一軍。五鄉之帥帥之。伍之人世同居。少同遊。相習相愛。相助相救。其效甚大。夜戰皆相聞。足以不乖。晝戰皆相視。足以相識。其懽欣足以相死。居同樂。行同和。死同哀。是固守則同固。戰則同强。是管子軍制取通國皆兵主義。無事則務農講武。有事則調集成軍。無兵之名。有兵之實。是法之最善者也。

觀管子之政術。其功極偉。其德極遠。太史公謂其善因禍而爲福。轉敗其爲功。將順其美。匡救其惡。故上下能相親也。是以齊國遵其政。常强於諸侯。豈不然哉。

霸主至越王勾踐而終此亦時勢使然當齊桓晉文威令大行之際諸侯之弱小者因其力保獨立人民亦得安堵自是以後諸侯競爭北晉南楚對峙互角諸侯苦其役人民廢其業麋沸雲擾遂一轉而入戰國

戰國之世爲封建郡縣之過渡時代也舊諸侯以漸滅盡七雄新起卽燕楚齊趙韓魏秦是也而七雄之中秦又最强卒能幷吞六國統一天下考其故蓋有數端

（一）春秋之末中國諸侯或會盟或征伐擾攘不定國力以衰其間獨秦自穆公至孝公凡二百六十年專以休養爲務

（二）秦之根據地爲今陝西省帶河阻山四塞以爲固地勢便利內足自守而外可以遣兵於諸侯譬諸建瓴高屋以傾水其勢莫當而六國之地槪屬平衍形勢遠不如秦

（三）秦之歷代君主。常博取人材以為己用。孝公出令國中曰。賓客羣臣有能出奇計強秦者。吾且尊官與之分土。以故商鞅范睢李斯等皆集秦。秦任客卿。國以富強。而六國皆不能用賢。如田文樂毅廉頗李牧屈原等皆不能久於其位。

（四）秦用商鞅變法。以致富強。六國不能變法。即變法亦不能如秦之收效大且久。

（五）六國合從有連雞不能俱棲之勢。不如秦之連橫易於集事。且秦用遠交近攻之術。以詐制敵。而六國急則相救。緩則相攻。以故為秦所欺。

（六）秦族僻處西陲。又數遭戎患。其民樸僿堅悍。有首功好武之風。讀小戎駟鐵諸詩。其慓悍尚武。自古已然。是秦人固適於生存競爭之民族也。

（七）戰國為重農時代。而秦擁關中之腴壤。地宜於農。其人又習於農。後商君實利用此業以爲國入之富源。

業以種種原因。故獨占優勢。與春秋時代晉楚二國操縱天下之大勢者。判然不同。卽其政治思想與春秋相較。亦大有逕庭。蓋春秋時於法治主義外猶兼用道德治主義。至戰國則純爲法治主義時代矣。自表面觀之。事實言之。其異點甚多。

(一)春秋時猶尊禮重信。而七國則絕不言禮與信。

(二)春秋時猶重祭祀。重聘享。而七國不然。

(三)春秋時猶重宗姓氏族。而七國無有及之者。

(四)春秋時猶宴會賦詩。雍容閑雅。而七國則否。

是戰國社會道德大破壞。雖孟子以仁義提倡。而當時以爲迂闊不可用。於是商鞅韓非申不害之屬。羣以法治主義相鼓吹。而戰國之政治思想乃大變。就中以法治主義强秦并吞六國咸推商鞅。

商鞅者凌駕管仲之一大政治家也。其根本主義以道德法律自有沿革。應從便宜爲變通。故其對孝公曰疑行無名。疑事無功。又曰湯禹不循古而興。夏商不易禮而亡。彼之理想專注重富國强兵之二途。標榜國家至上主義與法律神聖主義。其施法之精神。悉本於嚴峻殘酷。蓋深信刑罰之積極的効用者也。後世多以其民見刑而不見德。知利而不知義。秦卒以亡。爲商君病。然推商君變法之意。亦自有故。

（一）秦自春秋時不齒於中原諸國。聲氣衰靡。非變法不足以振國勢。

（二）戰國時列國競尙功利。且孝公之世。秦固積弱。非變法不足以圖富强。

（三）春秋以降。道德淪喪。非變法不足以整頓風紀。所謂治亂國用重典也。

商君當戰國時代。其一切內治皆實行其帝國政略。今本此意以察其行政之次序。

(一)變井田　周襄以來。井田之法。日卽弛墜。疆界慢亂。輕重既失。勢不可行。商君廢井田。開阡陌。與國民以產業自由。聽民占田。世爲永業。務使地盡爲田。田皆出稅。

(二)闢土田　商君以秦地廣而人寡。晉地狹而人稠。乃誘三晉之人耕地。任其所耕不限多少。而使秦人應敵於外。

(三)督耕稼　民有二男以上不分異者倍其賦。大小皆僇力於本業。耕織致粟帛多者復其身。事工商末利及怠而貧者舉以爲收孥。

(四)行警察　五家爲保。十家爲連。一家有罪。九家共舉發之。若不糾舉。什家連坐。不告姦者腰斬。告姦者與斬敵首同賞。匿姦者與降敵同罰。(誅其身沒有家)

(五)獎武功　有軍功者受上爵。爲私鬬者各以輕重被刑。宗室非有軍功。亦除其籍。

(六)定兵制　商君之兵制。舉國皆兵之制也。中國自周以來。素行徵兵之法。司馬之官。本井田以定兵賦。(見前)商君因用其制。乃更擴而張之。使國民皆負兵役之義務。故其言曰。四戰之國。不能以萬室之邑。合鉅萬之兵者。其國危。定三軍之制曰。壯男爲一軍。壯女爲一軍。老弱爲一軍。此之謂三軍。壯男之軍。使盛食厲兵。陳而待敵。壯女之軍。使盛食負壘。陳而待令。是其舉國皆兵之制。與今歐美諸强國初無少異矣。

(七)改官制　戰國之世。封建制度已破壞。商君所定官制。固皆以除封建之弊者也。其官制一曰軍爵。一曰地方官吏。

1　軍爵。　秦爵共二十等。二十徹侯。十九關內侯。十八大庶長。十七駟車庶長。十六大上造。十五小上造。十四右更。十三中更。十二左更。十一右庶長。十左庶長。九五大夫。八公乘。七公大夫。六官大夫。五大夫。四不更。三簪裊。二上造。一公士。凡此二十等。固皆軍爵以賞戰功者也。

2 地方官吏。　秦始皇分天下爲三十六郡。其實郡縣之制。實創始於商君。商君幷諸小都鄉邑聚定爲四十一縣。分國內之土地。畫爲政治區域。使之直隸於中央政府。而郡縣之制始完。大縣萬戶以上者置一令。不及萬戶者則曰長。令長之下皆有丞尉。丞尉皆受命於君主。對中央政府負責。中央集權之制。遂日趨於鞏固矣。

（八）制法令　戰國之世。列強競爭。人心墮落。視春秋時代尤甚。故爲政者不得不純任法律。商君以爲法一定。則舉國之賢愚貴賤莫不受治於其下。故其法律最重平等。無貴賤遠近之別。公子虔貴族也。其犯約也則劓之。太子嗣君也。其犯法也則黥其師傅。是以法令嚴明。人莫敢犯。且其時司法獨立。自天子殿中御史丞相以至諸侯郡縣。皆各置法官。其司法之制。因以完密。

他若修明市政。則平斗斛權丈尺。改良風俗。則嚴爲男女之別。舉一國之政制教俗。靡細靡鉅。無不修理而釐之。齊之。行法十年。秦民大悅。道不拾遺。山無盜賊。家給人足。鄉邑大治。彼其所以致此者。固有由也。

秦既富強。亟謀東向以兼併天下。六國亦謀所以自衞。謀臣策士。乃乘時應運以起。各抒政見以遊說王侯。而對外發生二大政策。一曰合縱。一曰連衡。

(一)合從　時秦國富強。殆有制天下之勢。故六國訂攻守同盟。曰合從。從者縱也。南北爲縱。當時六國位置列於南北。故六國同盟曰合從。始倡合從之說者為蘇秦。先說燕。次及趙。遂勸其餘四國同盟而身為之長。并相六國。以六國之將相會於洹水之上。約曰。秦攻一國。則五國各出銳師以撓秦或救之。有不如約者五國共攻之。自是秦不敢窺函谷關者十五年。然未幾齊魏背盟。從約遂解。

(二)連衡　秦乘諸侯恐怖。頗出遊士。使說合從之不利而言連衡之利。衡者橫也。東西為橫。當時秦在西。六國位於其東。故六國服事秦曰連衡。專倡連衡之說者為張儀。為秦說降六國。其說魏曰。合從者一天下約為昆弟以相堅。而親兄弟同父母尚爭錢財。而欲恃詐偽反覆蘇秦之餘謀。其不可成亦明矣。其說楚曰。夫為從者無異驅羣羊而攻猛虎。今王不事秦。秦劫韓取魏以攻楚。楚危矣。其說他國大都類是。無非設為恫嚇之詞。竟降六國。

當時天下之形勢。以秦一國當山東六國。殆居不可兩立之地位。秦國既強。且占地勢之便。六國非戮力同心斷不足以制之。故合從之策實爲六國對秦唯一之良策使六國能始終如一。并力西向。秦雖强斷不能以一國而敵六國也。六國固嘗收合從之利矣。然而卒敗於爲衡者。其禍在於自戰其所可親而忘其所可讎故也。且蘇秦本急功好利之徒。非眞憂天下後世。有富國强兵之大略也。其目的在以三寸舌干萬乘主。一躍而得高位美官而已。故其說六國也。或使之怒。或使之懼。遂使六國之君皆聽其言。以之爲從約長。蘇秦之目的達矣。其伎倆亦窮矣。一旦秦使公孫衍欺齊魏伐趙。趙王讓蘇秦。秦畏誅遂去趙。於是從約皆解。是從約之不能持久。固由六國之見理不明。亦由蘇秦徒爲個人之私權私利。而無政治之才略也。

春秋戰國之政治。固已別開生面。其學術思想尤爲可驚。蓋中國之文化。萌芽於遠古。孕育於春秋、發達於戰國。而貽留則在來今。此春秋戰國過渡之要事也。當時學者輩出、各有發明。考其發達之原因、蓋有數端。

一　周代學術、各有專家。世守其職。自王室衰微、百官失職、相與聚徒講學、士民之俊秀者。乃得本其師承以相傳習。

二　春秋以往、世變日亟。人民生計不安、國家秩序破壞。言論著作思想、皆得自由、當時學者羣起研究、以求解决社會問題倫理問題。或施諸實際。或從事著述。

三　戰國時代各國爭講富强。材智之士盡力招致。

以是諸子百家雜出。概言之曰儒家道家墨家法家農家兵家名家陰陽家縱橫家雜家小說家。凡十一類。

(一)儒家　儒家者流出於司徒之官。昔者伏羲畫卦。德通於神明。情類於萬物。本天道以明人道。而人道乃興。神農氏演而重之爲卦六十四。（鄭康成氏謂六十四卦爲神農所演非文王作也）遂爲黃帝堯舜制作政教所由本。夏曰連山。殷曰歸藏。周曰周易。取法或有不同而爲義則一。其後文王周公孔子。闡明易理。而易之微者顯。隱者著。於此可見往古哲學之一斑矣。

惟秦漢以前治此學者厥惟儒家。而儒家所宗者厥惟孔子。孔子生春秋之世。講究治平之道以求救濟世變。因道不行。殫心著述。前乎孔子者。由孔子而傳。後乎孔子者。由孔子而開。孔子名丘。字仲尼。魯人。生於周靈王二十一年冬十一月庚子。（夏正八月廿七日）稍後出世於老子。嘗仕於魯。其生平事業。在周遊列國以求行道。聚徒講學以求傳道。世不見用。遂歸而傳易刪詩書修春秋定禮樂。周敬王四十一年卒。卒年七十三。時弟子從游者三千人。通六藝者七十有二。其賢者皆能傳授一經。尊崇師說。至孔子之政治觀念。以大同小康爲志望。而從撥亂反正入手。修學宗旨。以治國平天下爲本領。而從修身齊家入手。倫理思想則注重實踐道德。而以孝弟爲要件。其學說蓋集羣聖之大成。遂爲數千年來社會之中心人物。後世以其五倫之說。本於大司徒之五教。推爲儒家之主。(儒家出於司徒之官)其實孔道之大無所不包。許管仲以仁。問老子以禮。並無學說之衝突。惟孔子以政刑爲治標之具。而以大同爲終極之治。隨時代補救。不偏執成見。此其所以爲時中之聖歟。總之孔子之學。範圍頗廣。務在修法度。定禮樂。圖治安。明仁義合政治學道德學而一之。欲以正大勢力助社會發達。故於易言變化而闡天命。於書紀政事而道治法。於詩述風俗而正社會。於禮明節義而正紀綱。於樂調音韻而陶冶性情。於春秋寓褒貶而重名分。相傳爲北派大宗。孔子既歿。微言中絕。七十子傳其大義。更相授受。降至戰國時代。已分孟荀兩派。

1. 孟子　孟子學於子思。主性善。以仁義禮智孝弟忠信皆爲人類天性中所固有。其學術崇先王。說仁義。言必稱堯舜。大中民貴君輕之論。惟戰國時好武功而重私利。伸君權而輕民命。與孟子之學說適相反。因此所至不合。道不可行。然卒不肯變其宗旨以阿世隨俗。故退而著書講學。

3. 荀子　荀子爲子夏五傳弟子。故其學長於詩禮易春秋。主性惡。以人性本惡。必以仁義禮智孝弟忠信矯正之。乃可爲善人。

二者支派雖分。歸宿則一。其學其說至今繼續不墜。是皆可謂儒家也。惟後世儒家推崇孔子。而治術疎闊。泥古不化。孔道殆久失傳矣。

(二)道家　道家者流，出於史官。其宗曰老子。老子姓李名耳。其學說宗黃帝。慨周室之衰。而有懲於當時文敝。於是任自然。尙無爲。棄禮教。薄仁義。齊一萬物。歸眞返樸。初爲周藏書史。見周衰而去。著書五千言。述道德之意。名道德經。遯世不知所終。老子年高而更事多。以厭世之思想。主張無爲之說。欲使朝野上下。破除一切典章制度禮儀風俗。而一任自然。其意以爲社會人情之澆薄。在乎文勝。物質文明愈進步。精神文明愈退步。而曲爲之防。事爲之制。禮法既有時而窮。故主張以淸淨自然爲治。解脫人心之桎梏。以冀反樸而還淳。而理想之社會。在乎大同。則與孔子未嘗不同。所異者老子有破壞而無建設。終以探無形之元理。躋無爲之宇宙。爲極則。惟其理想太高。所言過當。宜其不爲多數人所歡迎也。相傳爲南派大宗。

當時從之游者則有關令尹及楊朱孔文子等。越百年而祖述其說者則有列禦寇莊周田駢等。而楊朱唱爲我之說。拔一毛而利天下不爲。其說最盛行於戰國之時。是名曰道家。其後巫覡者流。謬妄緣飾。變爲道教。則失老子之眞傳而非老子所及料矣。

(三)墨家　墨家者流出於淸廟之官。其宗曰墨子。墨子名翟。出於孔子後。嘗仕宋。學說宗大禹。著有墨子七十一篇。如修身親士尚賢節用貴義諸說。宗旨與儒家不甚相異。惟兼愛一說則與儒家大殊。蓋墨子倡平等。講大同。尚儉約。信鬼神之賞罰。而不以天命前定爲眞確。又務犧牲其身。爲國民造幸福。其弟子甚衆。楚國攻宋。弟子赴難而死者七十二人。相傳爲中派大宗。其弟子後各爲派別。戰國時有勝綽禽滑釐夷之隨巢胡非子等。皆祖述其說。自是而後。學說漸衰。惟其爲書有合於近世理科者。故所說於近世頗脅顯。

（四）法家　法家者流。出於理官。以信賞必罰爲宗旨。卽以法律爲政治之主義。與孔孟之道德主義迥殊。如管仲相齊。李悝相魏。皆本此而致富强。其後申不害說術。商鞅說法。及韓非出則合法術而一之。遂爲法家之大成。

（五）農家　農家者流。出於農稷之官。我國古初之由行國而成爲居國也。則始於神農之興農業。洎黃帝畫井分田。農事愈興。禹稷以後。農學雖無專家。然相土地。順時令。別耕種之法。多散見於他書。戰國時有許行者。爲神農之言。創並耕之說。理有可取。不可因孟子之排斥而少之。當時從之游者有陳相兄弟。惜其學說除見於孟子外。未有稱述之者。

（六）兵家　兵家者流。出於司馬之職。古者弦木爲弧。掞木爲矢。爍金爲刃。

割革爲甲。是爲我國有兵器之始。自黃帝以及夏商周。或戰勝苗族。或戡亂救民。軍事學遂日見發達。春秋戰國之際。精此學者國各有人。當時最有名者。則有司馬穰苴孫武吳起三人。後人集三人之書曰孫吳司馬法。而范蠡文種孫臏龐煖尉僚魏無忌之徒。亦以知兵稱。皆有書行世。

（七）名家　名家者流。出於禮官。古者名位不同。禮亦異數。東周而後。節文繁縟。莫定指歸。鄧析於是綜核名實。著書二篇。是爲名家之始。其後惠施公孫龍等私淑之。而爲堅白異同之說。不免流爲詭譎。

（八）陰陽家　陰陽家者流。出於羲和之官。初本敬順昊天。歷象日月星辰。敬授人時也。洎春秋時宋司星子韋。戰國時鄒衍鄒奭等出。不免流於禁忌拘於卜數矣。

（九）縱橫家　縱橫家者流。出於行人之官。春秋以降。行人失職。子貢遊於孔子之門。一出而存魯亂齊亡吳霸越。已開戰國說士之風。戰國時縱橫家洞觀天下之大勢。而利用於各國之外交。其時以蘇秦張儀爲最。而蘇代蘇厲公孫衍魯仲連等亦以多權變。善游說。見稱於當時。其風至秦漢之際。猶未衰也。

(十)雜家　雜家者流。出於議官。班孟堅之言曰。兼儒墨。合名法。知國體之有此見王治之無不貫。此其所長也。及盪者爲之漫羨而無所歸心。蓋晚周之世南北交通。智識互換。言論自由。不主故轍。固不待呂覽而始成爲雜家也。如伍子胥尉僚子。兵家也。而亦列爲雜家矣。尹佚爲商君之師。法家也。而亦列爲雜家矣。

(十一)小說家　小說家者流。出於稗官。班孟堅之言曰。街談巷語道聽途說者之所爲也。閭里小智者之所及。亦使綴而不忘。如或一言可采。此亦芻蕘狂夫之議也。蓋學術之淆亂。莫甚於衰周。而思想之發達。亦莫盛於衰周。秦漢去古未遠。禮失而求諸野。班氏之言。或有取於是乎。

春秋戰國之世。不獨百家雜出。學說繁多。卽文章亦迥非後人所能及。蓋其時文明大起。學術日昌。瑰奇之士。各本其理想。發爲文章。若管子之勁拔。老子之高古。論語之渾厚。莊子之飄逸奇譎。孟子之簡勁。荀子之富瞻。墨子之切著。韓非國策之奇峭。左傳國語之浮華。離騷之深遠。不遑枚舉。後人得其一二。卽爲名家。故世稱春秋戰國時爲文章極盛時期。

是時社會狀態亦起急劇變動。蓋周初制度至春秋而變。至戰國而再變。其時狀態一切與古相離。其故有四。

一　因周制因襲夏殷而更加繁密。中央權力强盛。本不易實行。迨至王室衰微。舊制自難維持。

二　周制精神過於整齊畫一及霸者迭起。風同道一之規模不適用於羣雄割據之時勢。

三　階級制度太不自然。士民智識日開。漸有活潑進取之氣象。反動之力極大。

四　生齒日繁。生活之競爭漸趨劇烈。

蘊釀既久。於是大生破裂。故由春秋至秦代。數百年間。可謂一舊文明大破壞。而產生新文明之時期。

周末社會之變動其原因既如上述。具絕大勢力。無可抗免。茲分述其大要如左。

（一）官制之破壞　自楚國僭用王制。沿及春秋。諸侯設官多與古異。逮戰國時。益復自爲風氣。其間如丞相將軍等稱。與秦漢官制漸近矣。

(二)徹法之破壞　周代稅法用徹。至魯宣公時。以國用浩繁。初行稅畝。(一十徵其二)之制。於是稅法先行破壞。

(三)兵制之破壞　周制每甸出甲士三人。魯自成公作邱甲之法。哀公用田賦之制。舊法由是蕩然。他國多有次國而出三軍者。其徵集之法。大抵皆因時制宜矣。

(四)井田之破壞　井田之制。田數戶數均有一定。民間生齒日繁。餘夫安所得耕。故受田之法本有窮時。加以各國互相吞併。田地時易其主。於是經界不正。公田不治。公私交困。魏用李悝盡地力之教。秦用商鞅開阡陌之法。奇零之地。任民耕種。俾餘夫皆得盡力畎畝。受田之法遂廢。蓋當孟子時代。滕使畢戰問井地。可知當時井田之制久無存矣。

(五)戰術之改革　春秋時代武士皆尚用車戰。而戎狄皆用騎戰。車戰利於平原而不便於山險。自趙武靈王以胡服騎射卻敵而制勝，於是車戰之法漸廢。

（六）工商業之發達　周末因時勢所趨。工商業自然發達。蓋當時生齒日加。餘夫無田可耕。加之戰役頻仍。田野荒廢。而貴族奢侈之風日盛。珠玉狗馬之用日繁。農民既難安於畎畝。乃不惜棄其先疇而事工商。其時工業之發明頗多。最著者如山戎作秋千（略似今日學校中之秋千）公輸般製雲梯造鑿鑽。及鮑孟莊子作鍬鑿。仲由作硯之類是也。

（七）貴族階級之打破　古代甚重世系。唐虞諸臣皆出名族。惟商之伊尹傳說。自匹夫而升宰輔。實爲駭世之舉。至春秋時。王室衰微。諸侯卿大夫漸多僭竊。上流社會之階級。先自破壞。自齊用管仲。楚用孫叔敖。秦用百里奚。優秀之士。往往得居高位。至戰國秦用客卿而致富强。各國君主貴族爭相效之。齊宣王稷下談士多至數千。魏文侯燕昭王太子丹亦致客無數。齊之孟嘗魏之信陵趙之平原楚之春申門下食客均以千計。甚至雞鳴狗盜之士。廣爲收羅。蘇秦張儀均以微賤一躍而爲卿相。此時遊士日衆。操縱王侯。中流社會之階級。因之破壞。工商業既漸發達。富商巨賈得挾其珠玉狗馬之好。以交通王侯。下流社會之階級亦開破壞之端。迨秦一統。盡廢封建之制。貴族階級完全打破。社會至是又一進步。

（八）刑法之破壞　自春秋至戰國。君權愈張。刑網愈密。其刑法有劓耶椓黥鬼薪城旦執放殺等名。最酷者如秦有腰斬車裂鑿顚抽脅夷三族七族九族等刑。齊有烹刑。楚有冥室櫝棺滅家等刑。蓋當時君權無限。國君各逞私臆。刑罰得任意爲之。而爲五帝三王所無也。

周初制度至春秋戰國蕩然無存。既如上述。卽其民風禮制宗教。亦多與古不同。茲略述如左。

（一）民風　周雖尚文。然至春秋時代。諸侯擅權。風氣亦因地而異。若齊人儇慧。秦人勁武。楚人輕果是也。逮戰國之世。則更活潑有爲之氣。邦無一定之交。士無一定之主。至若豫讓專諸荆軻聶政之流。則急公好義殺身成仁。且開後世義俠之風矣。

（二）禮制　春秋時貴族制漸破壞。禮制多異於古。而習俗相沿。傳之後世。尚有分貴賤者。則其餘意猶未忘也。至戰國時則封建之制幾廢。成周之禮文無復有行之者。諸侯惡其害己也。而皆去其籍。斯民公守之禮制蕩然無存矣。

（三）宗教　周末時代。陰陽五行各家雜糅。遂成種種迷信。而卜筮術數之書。亦故神其說。歷秦迄漢。言封禪言讖緯。其起因皆在是矣。

第五章　帝權時代之文化

秦滅六國。統一神州。自上古至此成一大變局。爲中國史上開一新紀元焉。雖自始皇併天下至二世而亡。僅十五年。時代甚促。然古人之遺法無不革除。後世之治術悉已創導。漢族亦於此時立優勝之地位。實古今之大界也。秦之政皆出於李斯。斯蓋以變古爲宗旨者。觀其所言。一則曰三代之事何足法。再則曰諸生不師今而學古。非當世。惑亂黔首。故秦之所爲無一不與古異。其變古之最有關於文化者有四大端。

(一)稱皇帝　始皇自以德兼三皇。功高五帝。自稱曰皇帝。又欲子孫世世王天下。故稱曰始皇帝。嗣後可二世三世以傳之無窮。

(二)廢封建。　封建時代。各君其國。各子其民。天子雖有共主之名。而諸侯各自爲政。且卽天子畿內。亦多卿大夫釆地。采地以內。又各擅有自治權。故君權有限。迨秦始皇出。乃設郡縣。分天下爲三十六郡。尺土一民。均直隸於中央政府。是爲一統政治之發端。於是內外大權。悉操諸君主一人之手。故自秦以後可謂之君主專制時代。

(三)定官制　始皇者專制之大梟桀也。其內治多以擴張君權鞏固君位爲主。後世承其制。多不能易。始皇以行政兵馬監察三大權嚴爲區別。丞相總掌行政之權。太尉總掌兵馬之權。御史大夫總掌監察之權。三者鼎立。爲中央政府最高級之官。其餘百官名目甚繁。皆掌君主一身一家之事。而其名稱又甚輕賤。都以外之制亦然。郡制守尉監各一人。守以治民。尉以統兵。監以監察。而皇帝上統此三大權。固中央集權之基礎。專制政體至此而更密矣。

(四)築長城　漢唐以前中國邊防重在北方。戰國時燕趙秦各國因北地山險。築長城以備胡戎。秦始皇滅六國。乃首尾聯絡之。使蒙恬將十萬衆北擊胡。悉收河南地。因河爲塞。築四十四縣城。臨河徙謫戍以實之。而通直道。自九原至雲陽。因邊山險塹。谿谷可繕者治之。起臨洮至遼東。凡五千四百四十餘里。匈奴强橫。賴長城爲之限。終不能志得於我。其遺址至今獨存。歷代修葺不廢。西人南懷仁列諸世界大工程之一。固歷史上之一大紀念也。

始皇所爲。惟以專制爲極則。於是用愚民政策。以期爲所欲爲。而焚書坑儒之事以起。當時學者厭新喜舊。論議紛紜。囂於朝野。丞相李斯言不禁則主勢降乎上。黨與成乎下。始皇用其言。下挾書之禁。收民間詩書百家語。悉詣守尉雜燒之。謂諸生或爲妖言亂黔首。收四百六十餘人。坑之咸陽。以威壓人心。觀始皇之行爲。專以君主之威力。壓服學者之淸議。剝奪言論之自由。俾諸子百家無從倡其異說。而本仁義述孔孟之儒教。最不容於專制政體之世。尤爲始皇所深忌。故有焚書坑儒之舉。此學術界之一大浩刼也。

始皇既內抑民權矣。外禦匈奴矣。於是無所顧忌。乃一意求長生不死。以長享此安樂。而方士之術遂興。詭怪之說以起。有謂海中有三神山。名瀛洲蓬萊方丈。藏仙人及不死之藥。因使徐福入海求神仙及不死藥。至是乃折而入於上古鬼神術數之說。班孟堅所謂專以爲務。則誕欺怪迂之文彌以益多是也。中國二千年來吉凶禍福之說。何莫非由此以興乎。

論秦代之文化。誠衰誠微。然秦所改定之新文字。爲今人之楷書。則有裨於學術之進步亦不少也。茲略述如左。

伏羲本楔形而畫八卦。蒼頡象鳥跡而造文字。所謂鳥篆時代者始於此也。孔壁古文爲蝌蚪文之所起源。歷夏商周不改。周宣王時史籀作大篆。所謂篆文時代者始於此也。始皇時李斯作蒼頡篇。趙高作爰歷篇。胡毋敬作博學篇。皆取史氏大篆。稍省其字形。改其字體。所謂小篆是也。改繁重之大篆。爲簡易之小篆。使用已便。而秦時法令嚴峻。獄訟紛紜。文書奏進者日繁。雖以小篆之簡易。猶嫌其複雜而難就。御史程邈創作隸書。以期施諸徒隸。故謂之隸書。自有此隸書而中國最新之文字。最簡之字體。乃通行於世。是亦學術界之一大關係也。

秦世除字學外。文藝亦略有可觀。皆皇帝之勢力爲之也。

(一)音樂學　秦時樂法散佚。音樂不傳。上古廟樂存者惟大韶大武而已。

(二)繪畫學　秦皇統一天下。西域美術漸次輸入。騫霄國畫家烈裔來吾華。所繪見重一時。且當時大築阿房宮。於繪畫亦多進步。蓋遠過三代。

(三)雕刻學　始皇巡遊天下刻石頌德可知石刻已盛行。

(四)建築學　始皇所築之長城論者以爲世界最大建築物之一。又作阿房宮於渭南。極其壯麗。東西五百步南北五十丈。上可坐萬人下可建五丈旗。並建離宮於天下。凡七百所皆窮極侈麗。又大治馳道。屢巡天下。其建築之盛可知。

(五)造文具　舜時之筆。製法今不可考。然其粗陋不適用無疑。至秦之蒙恬始改良之。以柘木爲管。鹿毛爲柱。羊毛爲被。製法較前爲精美。而寫字遂便利。文化益易於傳播矣。

秦之政體既主專制。不特學術受其影響。卽社會情狀亦爲所支配。

一、秦政內以伸張君權爲主。箝制言論。故士氣衰弱。

二、秦政外以發揚國威爲主。兵戈不息。故民俗剽悍。

三、秦以農爲本業。以商爲末利。故商業不興。至論秦民生活之痛苦。自古以來。未有甚於此者。自井田廢後。田地爲人民之私產。得以買賣。於是富者連阡累陌。貧者至無立錐。階級懸殊。貧者往往處於閭左。而爲富戶之佃民。以其所獲十分之五納之田主。視井田之制殆五倍焉。且始皇舍地稅人。其徵稅仍依井田之意。如一夫有田雖不及百畝。而納稅須準百畝之數。其苛暴無禮如是。恒產既無。而國家又屢興徭役。加以嚴刑暴斂。困則思亂。鋌而走險。秦之二世而亡。豈偶然哉。

秦亡而漢興。漢高祖以一泗上亭長。起兵破秦滅楚。五載而成帝業。實開匹夫受命之局。蓋自漢以前。無匹夫而爲天子者。由黃帝以及秦。皆出於一系貴族。政體亘數千年之久。秦廢封建。世家巨族。漸次消滅。故匹夫受命之事。乃猝見於秦之季世。自此以後。爲天子者不必古之貴族。百姓與民之界。至此盡泯。謚成爲漢高明太之局。此中國古今革命之大界也。惟其起自匹夫。自危愈甚。不得不謀所以萬世久遠之策。於是行左之政策。

(一)行封建　高帝承項氏分封之後。懲秦之孤立而亡。且其初欲賴諸豪傑之力以取天下。故不惜高爵厚祿以博其效死。迨天下既定。又懼其逼己。旋卽芟夷鋤滅之極其殘忍。而封同姓子弟於要地。以屏藩王室。所以防異姓而遏亂萌也。郡縣之天下。又兼用封建之制度矣。

(二)定制度　高帝之政。尙專制。與秦世固無不同。故其制一本於秦。惟於秦制亦多所變更。其故有二。

一、秦世享國不永。制度多未完備。

二、秦法過於苛暴。故略取簡易寬大主義。

本此意以改定制度。足覘開國規模之宏遠。後世言典章文物之美。唐以前斷推漢代。良有以也。茲略述如左。

1 **朝儀**　諸侯羣臣槪起自匹夫。嘗與帝共艱苦。未嫻君臣之禮。往往飲酒爭功。至醉狂大呼。拔劍擊柱。其飛揚跋扈之氣。殊難制馭。帝寖厭之。於是博士叔孫通勸帝起朝儀。長樂宮成。諸侯羣臣朝賀。謁者治禮引諸侯王以下以次奉賀。莫不振恐肅敬。禮畢置法酒。御史執法舉不如儀者輒引去。莫敢喧嘩失禮者。帝曰吾乃今日知爲皇帝之貴也。觀通所定朝儀。雖曰法先王。然實本秦制。專以尊君抑臣爲主。由是君日尊而臣日卑矣。

2 **宮制**　仍秦之舊而稍改革之。丞相改名爲大司徒。有左右之分。太尉或置或省。御史大夫改名爲大司空。是爲三公。又有比公者大將軍驃騎將軍是也。

外官有京兆尹爲京師地方行政之官。都尉爲列郡典兵之官。州牧爲各州行政最高之官，太守爲列郡行政之官。縣令長爲各縣行政之官。

3 **稅制** 自秦廢井田，貧富懸殊。漢察人民疾苦，特詔減稅率爲十五分之一。後又減爲三十分之一。於是佃作者多，地主亦頗受益。

4 **兵制** 漢初兵制，取其彼此相制。京師有南北軍。地方之兵有車騎材官樓船。其調兵之法，則民年二十三至六十五爲正卒，赴京師爲南北軍一年，預爲郡國兵一年，乃歸田里以待調發。

5 **刑制** 高祖入關，與父老約法三章。殺人者死，傷人及盜抵罪。餘悉除去。乃一時權宜之計，不可以行之久遠。天下大定，卽命蕭何次律令九章。卽就三章擴充之也。其刑名有腰斬棄市腐刑髡鉗笞箠等。蕭何乃刀筆吏。其所定沓皆雜秦制。亦取其尊君抑臣，有裨專制者爲之耳。

6 學制選舉　天下粗定。未遑庠序之教。其公卿多起自武夫。其後取士漸廣。由郡國舉者居多。其目有三。曰賢良方正、孝廉秀才、博士弟子。惟舉貢必以人口為差。其法頗為畫一。

高祖所行之政策。無非以鞏固帝基、擴張君權為目的。其於學術文藝尚未能有以發展。雖陸賈言馬上得天下。馬上不可以治天下。欲帝一方保障社會之安甯。一方獎勵學術。而帝卒不用。其故有四。

一、干戈甫定。未遑庠序之教。

二、欲以武力治天下。大風歌曰。安得猛士分守四方。其尚武可知矣。

三、高祖得天下。不藉儒生尺寸之力。藐視儒生。

四、秦火之後。繼以楚漢之戰。圖籍散亡。

高帝在位時。雖曾行幸齊魯。親祀孔子以太牢。然不過以其聖人也。而崇拜之。

未嘗以其學爲國教也。至惠帝時。始除挾書之禁。中國文化乃有一線曙光。惜乎其享年不永耳。迨文帝起自民間。通知情愫。卽位之後。毅然更秦之繁令苛法。於是除父子相坐罪。除誹謗妖言法。除肉刑。專事仁儉。定振窮養老之禮。正貢獻。免田租。宮苑車服無所增益。故二十餘年。兵革不興。海內殷富。斷獄數百幾致刑措。誠不愧爲三代下令主也。景帝繼之。守父遺法。弗敢變更。恭儉臨民。家給人足。至於移風易俗。黎民醇厚。周云成康。漢云文景。美矣。雖然。文帝尙黃老之學。景帝重名法之治。皆不用儒術。文化未能發達。其能發揚吾華族之民性。而發揮吾華族之文化者。其惟孝武帝乎。

武帝者。吾族歷史上最重要之人物。而黃帝後第一偉人也。論其雄才大略。與始皇相似。論其所創諸政。多與後世有關係。亦與始皇相似。若論帝時文化之發達。則始皇所不能比其萬一矣。武帝承文景二帝蓄積殷富之後。加之以雄才大略。發揚國威。開拓疆土。其時版圖之大。視高惠文景之朝。幾增一倍。而中國今日之版圖。殆不能出其範圍。且使張騫通西域。闢滇黔。荒遠僻陋之地。皆被中國文化。其武功之大。可勝言哉。武帝不特以武功著。其所行政治。亦多有使後世不能出其範圍者。列敍如左。

一、帝卽位紀年曰建元。帝王之有年號自此始。

二、詔舉賢良方正直言極諫之士。上親策問以古今治道。擢董仲舒爲天下第一。臨軒策士自此始。

三、從董仲舒言。表章六經。罷黜百家。崇尚儒術自此始。

四、帝以頻年用兵。國用不足。詔令民得買爵及贖禁錮免臧罪。置賞官名曰武功爵。級十七。直三十餘萬金。賣官自此始。

五、吏通一經以上者。詔皆選舉以補右職。以儒術爲利祿之途自此始。

六、李少君以祠竈却老方見帝。帝從之。天子親祠竈自此始。

七、女巫楚服等教陳皇后祠祭厭勝。挾婦人媚道。事覺。陳皇后廢居長門宮。巫蠱自此始。廢后自此始。

八、太初元年五月造漢太初曆。以正月爲歲首。色尙黃。數用五。後世以正月爲歲首色尙黃自此始。

九、元封元年春正月乙卯封泰山。丙辰禪泰山下阯東北肅然山。封禪自此始。

是武帝於武功外。其政治之創始。影響於後世者凡有九事。故中國若無漢武帝。則中國今日之形勢決不若此也。故漢武帝有造成中國之力。二千餘年以還。爲利爲害。均蒙其影響。武帝豈非黃帝後第一偉人乎。

觀武帝所行事。無不與後世有關係。其最有關於文化者。尤推尙儒術好文學二事。

(一)尙儒術　自高祖創業。文景守文。學術雖興而猶駁。黃老申韓蘇張之學盛行。卒未嘗以儒術爲國學也。以儒術爲國學自武帝始。帝卽位雅尙儒術。始罷黜百家。斷從孔子。舉賢良方正及孝廉。置五經博士及弟子。自是朝野彬彬多文學之士而中國之學派乃一於儒。孔子永爲萬世之師表。惟百家悉絀專用儒術思想學問因無所砥礪而至於錮蔽蓋亦始於此。且帝之意以儒家極主尊君利用之以行其專制政體後世因儒術以柔士氣亦帝作之始也。

(二)好文學　帝自好製詩賦。招選天下文學材智之士。拔其俊秀者寵用之一時文人學士羣集於朝自董仲舒起於布衣。於是以進春秋而爲丞相者有公孫宏以作尙書傳而爲侍中者有孔安國。以經術飾吏治者有倪寬。以文章名者。有司馬相如司馬遷。以詠諸著者。有東方朔枚皐。其他莊助朱買臣吾邱壽王等之俊才。未暇悉數。且諸王中之篤學好文者頗多。河間王德以金帛求先秦之遺書。淮南王安招天下之學者。研究不怠。自著淮南子等。故漢代學術之盛。必推武帝之世。惟天下翕然成風。更崇尚虛浮之習。亦因以啓。

武帝功浮於過。其生平失德最大者。則好神仙而求長生是已。自秦始皇招致方士入海求神仙。於是神仙方士之術。遂成一家學。武帝以好神仙。故方士巫覡之屬。聚居京師。以幻術遊公卿間。卒釀巫蠱之禍。自此迄東漢。方士術數之不衰。而中國數千年無意識之迷信。終不可破除矣。

武帝晚年。賦斂繁重。盜賊蠭起。天下已有紛亂之象。竟不致蹈亡秦之覆轍者。宣帝之功也。宣帝之政策。在課吏重農恤刑三者。故當時民安而豐。號稱中興治世。雖其雜霸之治。不免流露。然鑒於武帝酷吏之害。頗亦尙寬。其循吏之多。爲三代下之最。漢治之隆。無與比倫。誠賢主也。且其講求經學。尤有功於文教。帝詔諸儒講五經同異於石渠閣。蕭望之等平奏其議。上親稱制臨決。又置五經博士。漢世經學之盛。帝之功爲足多焉。

成帝求天下遺書。詔劉向校經傳諸子詩賦。任宏校兵書。尹咸校數術。李國校方技。每一書成。劉向條其篇目。撮其指意。錄奏。向歿。哀帝使其子歆繼父業。歆總羣書而著七略。王莽之亂。書籍燒失。學術又爲之不振。

王莽以外戚而行篡竊。自居周孔。事輒效古。舉凡官制田賦貨幣及其他一切制度。概以周禮爲師。察時勢之所宜。而泥古强行之。周禮適以亂天下也。茲述其變更之最著者如左。

（一）改封爵官制　漢之諸王皆降公。後皆奪其爵爲民。倣虞周之制。更定官爵置四輔三公四將悉封王氏子弟以侯伯子男。

(二)復井田　當時貧富之懸隔殆甚。莽用周初井田之制。收天下之田爲王田。一夫不得過一井。以嚴法行之。於是天下騷然。

(三)制貨幣　改鑄大小二錢。並用漢之舊錢。於是商業紛擾。

(四)增租稅　設六筦之法。凡鹽鐵銅冶酤酒賒貸及採取名山大澤之物。皆課租稅。於是百貨沸騰。

以上所舉。大都不便於民。且與古意多所背謬。其餘所行政治。類皆朝行暮改。無一定宗旨。一郡至五易名。而復還其故。吏民不能記。每下詔書。輒繫其故名。以是吏緣爲姦。民受其毒。莽之制度紛更如此。宜其亡之速也。

東漢諸帝。惟光武開國之政術最著。光武名爲漢之宗室。實起自布衣。在漢爲中興。在光武則爲創業。光武之崛起閭閻。有似高祖。而即位之後。政教修明。治績茂美。則遠過之。東漢二百年之政治局勢。學術思想。社會風氣。殆不能出其範圍。茲舉其治術之奏效當時影響後世者如次。

(一)保全功臣　昔高祖以殘酷險摯之手段。葅醢功臣。光武反之以用柔道。百戰之功臣。皆以列侯就第。終得保其令名。至王命之出納。籌機之敷陳。皆專任於三公。故光武之世。無功臣跋扈之禍。亦無誅戮功臣之慘。皆所以善全之也。彼一時英傑。皆能俯首帖身於君主政體之下。而君權益以鞏固。是光武柔能克剛。弱能制強。其用術較漢高明太更勝一籌矣。

(二)休兵息民　帝在兵間久。厭武事。且知天下疲耗。思樂息肩。自隴蜀平後。非警急未嘗言軍旅。皇太子嘗問攻戰之事。帝曰此非爾所及。於是投戈講藝。愼法勤政。退功臣而進文吏。解王莽之繁密。還漢世之輕法。勤約之風。行於天下。故內外匪懈。百姓安息。循吏之多。不減漢宣之時。皆帝啓之也。

(三)崇尙儒術　帝卽位之初。首起太學。修明禮樂。立五經博士。各以其家法教授。晚年起辟雍明堂靈臺以宏學術。封孔子後。以明聖德。又設小學以教授貴戚之子弟。一時世家貴胄。皆循循恭謹。不敢踰越法度。進用臣工。恆取其重厚而質直者。東京二百年間。淸介之士所以前後相望者。帝之崇儒重道有以啓之也。

(四)獎勵名節　自西漢末世。天下士吏皆媚事王氏。諂諛成風。王莽時頌功德者多至四十八萬人七千餘人。雖由莽故示謙恭所致。然亦人士趨坿利祿之證。光武力獎名節以矯其弊。徵處士周黨嚴光至京師。黨光皆不屈。帝皆以優禮處之。各聽其志。時有王霸逢萌者亦被徵不至。誠足以廉頑立懦。扶植風化。宜當時多循吏而末世多節義之士也。

（五）改制度　王莽簒位事事紛更。無非病民之政。光武中興。改從漢舊。使大漢文物。光復舊觀誠盛事也。舉其大要如左。

1. 官制　即位後。即幷省官職。費減億計。以太傅太尉司徒為三公而殺其權。因王莽為三公而簒也。事歸尚書台。下置太常光祿衛尉太僕廷尉鴻臚宗正司農少府為九卿。外官則與前漢同。

2. 稅制　詔改田租十一之制為三十稅一。視前漢為寬大矣。

3. 兵制　光武重文事。不尚武功。其兵制無損益。南北軍如故。惟罷郡國都尉。無都試之法。

4. 刑制　一依前漢之舊。帝務為安靜。屢下省刑薄罰之詔。

5. 學制選舉　光武偃武修文。即位後。即修太學。尊儒重道。東京公府辟召。最為儒者之榮。其郡國之常貢。則孝廉及賢良方正科盛行。

光武與高祖同以布衣而得天下。而治績判乎不同。蓋亦有故。西漢承戰國之餘習。秩序崩壞。攀鱗附翼者流。或來自市井。或起於盜賊。平日未嘗學問。惟知以戰勝攻取爲能事。而高祖亦不學無術。輕儒謾罵。惟欲得猛士以守四方。宜其文治之不興也。東漢則不然。其佐光武定天下者。大都皆長安游學諸生。如鄧禹學詩。賈復學書。馬援受齊詩。耿弇治詩禮。寇恂馮異通左氏春秋。祭遵朱祐李忠竇融之徒。無不好學。即光武亦嘗受尚書於廬江許子威。略通大義。是東漢開國君臣。皆素嫺禮教。殫精學問。故其所爲不失儒生本色。豈西漢開國君臣所能比其萬一耶。

光武固爲中興令主。然其生平事蹟不免爲盛德之累者。獨信讖一事耳。讖者起於哀平之際。附會天文五行之說。以預定後事。王莽甚崇信之。天下希其意旨。爭僞造讖文。稱爲符命。以助成篡逆。光武即位。儒生首奉赤伏符。帝信之。殆過於莽官人行政。多以符命決疑。及平天下。封禪泰山。宣布讖書於國中。令學者讀之。桓譚極非其說。帝怒。以譚爲非聖無法。欲斬之。譚叩頭流血乃止。自此讖諱之學。遂與儒學並行。(與經並立故號曰緯)漢世道教之興。即成於方士神仙之說。時張道陵講長生術。入蜀之鵠鳴山。著道德經二十四篇。因倡道教。至東漢之末。其支流餘裔。乃爲張角之徒。漢之亂亡。實肇於此。其貽害亦大矣。光武以後。承平之治。厥推明章二帝。蓋東漢之有明章。猶之西漢有文景也。茲分述之。

(一)明帝之世　帝性精審。承　光制之遺旨。獎勵文學。用東平獻王之議。定冠冕車服之制度。及光武廟之樂舞。親臨辟雍。問難諸儒。置五經師。自太子諸王及大臣子弟。莫不受經。命外戚樊郭陰馬諸氏。皆就學。是時四方學者。負書帙而至。石室蘭台。經籍塞滿。遠方慕義。匈奴之子弟亦相率來學。以鄧禹吳漢耿弇寇恂岑彭馮異朱祐祭遵等三十二人功臣之像畫於南宮之靈台。又開東觀仁壽閣集新書。班固傳毅等典之。又以劉歆之七略分部編爲漢書藝文志。其重儒術如此。是時吏得其人。民安其業。戶口滋殖。府庫充實。外夷畏服。惟帝性偏察。不免爲後世所譏。

(二)章帝之世　帝承前朝察察之後。卽位之初。首擢直言極諫之士。輕減刑獄。省除賦稅。勸農桑。定貢舉之法。專以除苛政爲主。實行寬厚之治。帝復好儒學。親幸魯至闕里。祭祀孔子。作六代之樂。命侍中曹褒修叔孫通之舊典。以撰漢禮。且効宣帝講經石渠故事。集班固賈逵諸儒於白虎觀。作白虎通。一時文化燦然。昭垂後世。帝在位僅十三年。其事業多歷歷足觀。

自光武至孝章。凡六十餘年。海內無事。紀綱大張。國勢之威。隆揚於內外。實爲秦漢極盛之時代。在此時代中。不特中國文化發達。卽印度文化亦於此時傳入。佛教是也。

(一)佛祖之略傳　佛之初祖名釋迦牟尼。天竺迦比羅國淨飯王之太子。夙抱厭世念。欲究宇宙之眞相。人生之本原。見人不能離生老病死苦。遂棄家修道。歷訪印度有道之士。得婆羅門教。其教以宗教干涉政治。其權力在國王之上。且有階級制度。釋氏知其非正覺。乃端坐別思解脫法。創一新教。謂一切衆生。不問其爲何等種姓。若能杜邪慾。脫離世間一切繫縛。則當受無量之福。是則衆生平等之說也。較之孔子以汎愛博施。專對人與人之間者。其範圍則更廣矣。其門徒千人。所在傳播。佛教勢力日漸擴張。生於周昭王二十四年。示寂於周穆王五十二年。年八十歲。

(二)佛教傳入中土　秦漢以前。中國無佛教。佛教東漸之始。或謂秦始皇時。一沙門來朝。有巨人足履。凡十二人。見於臨洮。(今甘肅鞏昌)始皇乃鎖金器作金人以象之。是謂中國有佛像之始。

漢武帝時霍去病出塞。得休屠王祭天金人。列甘泉宮中。焚香禮拜之。而佛教之名尙未知也。又降昆邪王時。得金人。王言其國俗以燒香爲祭。嘗懸其像。是爲佛像入中國之始。

哀帝時博士弟子秦景憲受大月氏使伊存口授浮屠經。是爲中國人知佛經之始。當時猶未知其爲佛。然佛教流傳之動機已漸近矣。後漢明帝時班超通西域。破大月氏兵。大月氏夙奉佛教。故其後支數迦讖自其國來。而安世高自安息國。康孟祥自康居國。亦先後入中國。帝又夢見金人。長大。頂有白光。飛行殿庭。以問羣臣。傅毅以佛對。其事雖涉怪誕。然夢由神經之印象而生。殆明帝已習聞金人之名。遂因感想而幻成夢境。亦未可知也。帝因傅毅之言。乃遣蔡愔等使天竺求佛法及釋迦之像。與沙門迦葉摩騰竺法蘭二人同歸。歸時以白馬馱經。因建白馬寺於洛陽雍門。使二僧譯經於寺中。葉摩騰譯經四十二章。竺法蘭又譯十住經。是爲設立佛寺翻譯佛經之始。佛教由是流行中國。至南北朝隋唐間。更稱極盛。迄於今爲一般人所信仰。使中國思想界變動。其影響於中國文化。實非淺鮮。

明帝以降。亦嘗興學。順治時修黌學。學士至三萬人。然社會之思想界糅雜。無純一之趨勢。漢室由是紛擾。而文化亦因以衰頹。其最大之原動力。如左。

(一)佛教之勢力　自明帝時輸入佛教。因果輪迴之念。漸印入人民腦中。

(二)鬼神術數之勢力　自光武信讖緯。方士之說不息。至桓靈時。政治腐敗。不逞之徒。假符咒之術以收拾人心。於是無告之民。羣趨之。而大亂以起。有張角者以符水咒說療病。十餘年間衆徒數十萬。訛言蒼天已死。黃天當立。著黃巾起事。此爲人民藉宗教作亂之始。

(三)外戚之勢力　外戚專政由母后臨朝。母后臨朝之制。古未之見。間見於戰國。至漢乃大盛。其事遂與中國相終始。母后既臨朝。不得不引用其兄弟。而外戚專政之局起。前漢之亡。亡於外戚也。後漢和帝以後。六代之間。亦爲外戚專政時代。至桓帝時。梁氏之勢燄尤盛。

(四)宦官之勢力　宦官爲中國之奴隸制。在外國爲可怪。在中國專制時代。則相傳已久。周禮天官所掌。盡宮內之事也。春秋時如晉寺人貂寺人披之類。雖齊桓晉文不免爲所玩視。至趙高用於秦。遂大肆其毒。致秦於亡。高祖受命。循而不改。宏恭石顯爲患於宣元之間。然尙未如東漢時之盛也。東漢明章以降。鄭衆開弄權之始。李閏江京。烜赫一時。孫程等五人則皆封列侯。甚至乳母亦預政權。尤覺黯無法紀。卒之外戚爲所誅除。太學諸生被其禁錮。君主概幼弱。更聽其玩弄而無所顧忌。及董卓入京。宦官之禍雖除。而漢亦亡矣。

（五）黨人之勢力　桓靈之間。主荒政謬。國命委於奄寺之手。士子羞與爲伍。於是匹夫抗憤。處士橫議。一倡百和。太學諸生得社會之信仰。遂有三君八顧八及八厨之稱。究之時艱未補。而禁網先罹。遂成黨錮之禍。

（六）州牧之勢力　漢末天下大亂。議者以爲由於刺史威輕。乃改刺史爲牧伯。以列卿尚書爲之。於是州郡之權始重。

因以上種種勢力使治平之天下。一變而爲之混濁時代。致使社會上政治上受莫大之挫折。其結果如左。

一、一般人民皆抱厭世思想。雖如諸葛武侯之才智。其初伏處南陽。亦謂苟全性命於亂世。不求聞達於諸侯。其他概可知矣。

二、時勢紛擾。桀驁者乘機而起。如袁紹、董卓、曹操、袁術輩。皆肆其險毒陰摯之手段以圖篡竊。

卒之天下大亂。生靈塗炭。及董卓遷都。(劫獻帝都長安)吏民擾亂。圖書縑帛盡為武人所取。甚至以為帷囊。王允收圖書西行。裝載重滯。道路艱難。不得已而捨其半焉。此秦火後圖書之厄也。

漢亡而三國鼎立。雖天下分崩。然以承東漢文教之餘。學校亦未嘗不興。魏蜀均設太學。吳亦有學宮。其學術猶未衰息。如蜀之諸葛孔明。魏之荀文若。吳之陳伯言等。皆雍容儒雅。諸葛集目錄二十四篇。晉陳壽之所錄。惜其書不傳。今所傳兵書心書將苑之類。出於僞託。然可見戰陣之際。猶事著述。其他學者。蜀稱譙周。吳稱虞翻。魏則據東漢故都。得兩京文獻之傳。魏武父子俱擅詞藻。曹植首以詩賦得名。與陳琳、王粲、阮瑀、應瑒、劉楨、徐幹競豔一時。號爲建安七子。又孔融爲北海相。立學校。表儒術。亦足稱焉。當是時經術惟王肅善賈逵馬融之學。治書詩三禮論語左傳。虞翻治易說象數。餘則厭棄漢學。務爲文詞。開晉代清談之漸。近人謂晉代爲懷疑時代。三國爲懷疑時代之過渡時代。近是。至其登庸人才之法。與漢殊異者。則魏之九品官人法也。魏初吏部尙書陳羣立九品官人之法。各州俱置大小中正。擇本處之賢而有識鑒者爲之。區別所管人物。定爲九等。上之尙書。據狀選用。取古代鄉舉里選之遺意。未爲不善。及其弊也。惟能知其閥閱。不復辨其賢愚。非經久之制也。此制迄於晉不廢。弊亦猶是。

自秦以來。歷代文化遞嬗之迹。可得而尋。惟對於其時文化。實有二大感想。

一、古代書籍先之以秦火。繼之以項火。終之以漢末武人之遺棄。使書籍忽聚忽散。漢代學者研究學術之苦。無以復加。漢代學者收集簡冊之功。尤不可沒。

二、自光武惑信讖緯。五行之說。至今不絕。凡一切物理哲理之學。數千年來莫不爲所障礙。此思想界之大惑也。抑亦漢代學術之一大汚點也。由前之說。漢人之功不可沒。由後之說。漢人之罪無可逃。究之漢代學術勃興。史學哲學醫學。皆後人所依爲準則者也。茲更分述如左。

(一)經學　古時之經。如道德經。離騷經之類。多爲普通文籍之稱。非儒家之專名。至秦始有以詩、書、禮、樂、易、春秋六經爲儒書者。其後始皇焚書坑儒。嚴威達於極點。學者跧伏。載籍蕩然。幸有伏勝者爲有心人。以爲保存古學。惟有祕密收藏之一法。取古書籍之壁中。殆暴秦既亡。卽以書教人。有漢經學之盛。伏勝之功也。至漢惠帝卽位。除挾書之禁。遺經漸出。經學遂有復興之望。迨武帝表章六經。置五經博士。廣弟子員。各有專經。設科射策。勸以官祿。於是經學勃興。宣帝詔諸儒講五經同異於石渠閣。蕭望之等平奏其議。上親稱制臨決焉。

光武中興。立五經博士員凡十有四。各以其家法教授。章帝建初中大會諸儒於白虎觀。考詳同異。帝親臨稱制。如石渠故事。庶幾斌斌者矣。

綜漢代經學名家輩出。唯諸儒多重口授。聲訓相異。就經學總計之。凡三種。卽註疏學、訓詁學、校讎學是也。

1 註疏學 解釋經之名物意義。始於周公之爾雅。漢儒說經者多宗之。

2 訓詁學 解釋字之音義。亦始於爾雅。秦李斯著倉頡篇。胡敬作博學論。趙高作爰歷篇。楚漢之際。孔鮒作小爾雅。漢史游作急就章。楊雄作訓纂篇。其學大盛。

3 校讎學 考究各書之異同也。漢成帝命劉向等考校羣書。每一書就。向輒撰爲一錄。論其指歸。辨其訛謬。其學益盛矣。

漢代經學大別如此。至其解說文字。則各本師承。各守家法。同一經而有諸家之學。朝廷設博士亦以是部別焉。諸經傳授。派別分歧。是不可以不明也。

1. 詩經 漢初言詩者凡四家。魯有申培公。齊有轅固生。燕有韓嬰。趙有毛萇。各傳其徒。於是有魯詩、齊詩、韓詩、毛詩之別。自鄭玄箋毛詩。習毛氏之學者乃日多。無何齊魯二家皆亡佚。惟韓詩僅存。然無有繼續其業者。

2 書經 自秦火後。伏勝口授尚書。是爲今文尚書。後魯恭王壞孔子壁。得蝌蚪文尚書。是爲古文尚書。自是有今文古文之別。伏勝以其學授張生。張生授歐陽生。歐陽生授倪寬。寬又授歐陽生之子。於是書有歐陽氏之學。張生又授夏侯都尉。都尉授族子始昌。始昌授族子勝。勝又授從子建。於是有大小夏侯氏之學。（勝爲大夏侯建爲小夏侯）三氏之學共立學官。後於西晉之亂亦亡。

3. 禮記　秦政焚書。禮經缺壞。漢興。魯高唐生傳其學。景帝時河間獻王得古禮獻之。凡二百四十篇。其後有蕭奮者。通禮。傳孟卿。孟卿傳閭邱卿。卿后蒼。蒼傳慶普、戴德、戴勝。慶氏承其學曰慶氏禮。戴德刪古禮二百四十一篇爲五十八篇。曰大戴禮。戴聖又刪大戴禮爲四十九篇。曰小戴禮。宣帝時二戴及慶之學。先後立博士。後慶氏之學亡佚。大戴之學亦鮮有習之者。獨小戴之書盛行於世。

4 易經 秦政焚書以易爲卜筮之書。獨不之禁。故傳授者繼續不絕。漢興。言易者凡六家。施讎、孟喜、梁邱賀、京房之學頒之學官。費直、高相之學。行之民間。

5 春秋 孔子筆削之後。有公羊高、穀梁赤、左邱明三家。各傳以釋經。漢興。光武立公羊於學官。宣帝立穀梁。光武立左氏。東漢以降。惟左之傳最盛行。

諸經傳授之系統。如上所述。而集其大成。則推鄭玄。蓋諸經多爲鄭玄所註也。玄。馬融之門人。深通諸經。嘗註解周禮、儀禮、禮記、及詩書等。又孔安國尚書。何宴論語。王輔嗣易。服虔杜預左傳之解釋。均稱最善。

（二）文學 秦世不尚文學。文章至漢始盛。漢代文章之盛。肇於武帝之時。前乎此者。賈山之至言。賈誼之治安策過秦論。皆一洗戰國囂張之習。

開西京風氣之先。而董仲舒之天人之策。路溫舒之尚德緩刑書。樊準之勸興儒學疏。劉向之極諫外家封事。皆有功當世之作。楊雄班固馬融蔡邕孔融等。亦皆各樹一幟。負一代制作之才。至三國時。諸葛武侯前後出師表。誠足與伊訓說命諸篇相表裏。迨建安七子出。而文氣漸靡弱。皆恣肆少雄渾。若夫吳賀邵之諫孫皓書。韋曜之博弈論。由散入駢。此又六朝浮薄之弊所由滋也。

詩之最著者為五言。始於蘇李之河梁贈答。謂之蘇李體。七言始於漢武帝柏梁台駢句。謂之柏梁體。在上古之時。凡詩歌皆譜之於雅樂。至高祖時。唐山夫人作房中詞。是為風之變。其後鼓吹曲用於朝會、橫吹曲用於軍中。是為雅之變。而司馬相如等所定十九章之歌。以正月上辛用事。又為頌之變。詩與樂府於是分矣。東漢以降。詩學之最著者。則有曹楨、陳琳、王粲、阮瑀、應瑒、劉楨、徐幹等。雖爲建安七子。要皆不及孔北海之高古。

詩有六體。其一曰賦。賦者敷陳其事而直言之者也。周末屈原作楚騷。大率覩物興懷。以寄忠君愛國之忱。初不名之曰賦。而名之曰騷。雖與詩異體。而義則同也。至宋玉演而爲賦。西漢以降。司馬相如、枚皐、東方朔、楊雄、班固、馬融等相繼因之。或設主客以引首。或極聲貌以窮文。斯別於詩之源流。騷衰而賦盛矣。

(三)史學。　上古史官記載王者之言行。是雖爲歷史起源。然在周世。卒未完備。時諸侯各有史。孔子取魯之春秋。定其義例以示褒貶。左邱明爲之傳。名雖爲經。實則史也。春秋戰國以降。史學最著者。爲前漢之史記。後漢之漢書。分述如左。

1、史記　武帝時司馬譚官太史。嘗合左傳、國語、戰國策諸書作史記。未成而卒。其子遷繼父志而卒成之。自黃帝以迄漢武帝上下數千年。通古爲書別爲五類。曰本紀。曰表。曰書。曰世家。曰列傳。記傳體所自昉也蓋此體格爲司馬氏所創設。後世稱正史者均無不標準於茲。劉向稱其善敍事理。具有良史才。司馬氏於史學可謂大勤勞矣。且其文辭矯健。才華縱橫。於文學上亦大增價值。

2、漢書　光武中興。班彪作史記後傳六十五篇。業未盡而卒。子固繼之。自高帝至王莽十有二世。爲漢書百卷。和帝初固坐竇憲事卒於獄。帝詔其妹昭與馬融等續成之。故天文志、古今人物表、貨殖傳等多與本書不類。然贍而不穢。詳而有體。誠一代之大著作也。世以馬班或遷固並稱。豈不宜哉。

(四)哲學．自戰國紛爭以來。繼以嬴秦楚項之暴虐。生民疲乏極矣。至漢有天下。與民休息。文景以後。國力充裕。於是上下逸樂。獨立之思想缺乏。降而傾向迷信。老莊之說乃大行矣。然老莊之學不過爲一時之催眠術。久之而反動以起。諸呂之變。七國之亂。猶其小焉者。至武帝內興土木。外事戰征。國家社會多所改革。老莊之學大挫。而孔孟之教義代興矣。武帝卽位之年。先詔舉賢良方正直言極諫之士。董仲舒對策。以起大學、擯異說、養士尊儒爲言。丞相衛綰奏請亦以申韓蘇張之說悉罷之。於是罷斥百家。表章孔孟。置易詩書禮春秋之五經博士弟子員。吏通一藝以上者卽得補左職。皆所以獎勵儒術也。

自此以尊儒爲統治之良策。王莽之篡漢也。先法周公。光武之中興也。首建明堂。迄於漢末。太學諸生尙能本其所學。演劇烈之政變。於是可見其思想之標準。而思想之沉滯腐敗。亦未嘗不由是始。企乎佛教輸入。使中國思想界生一大變動。殆如希臘哲學衰頹之時。基督教乘機而伸張其勢力也。

漢代之學術因極發達。其藝術亦與之俱進。其最著者如左。

(一)天文學　天文歷算之書未遭秦火。故歷代多有發明。漢時研究歷學之士漸衆。前漢有唐都、李尋。後漢有蘇柏、劉雅光。均以通天文名。又張衡製候風動地儀。武帝時之洛下閎能造渾天儀以考歷度。蔡邕、譙周亦各有撰著之書。故天文學之進步甚多。觀此時所造之儀器。皆依據算理而始得發明。愼勿謂前人思想不如後人也。

(二)醫學　西漢有淳于意擅方術。司馬遷史記詳載之。東漢有張機通黃帝內經、扁鵲難經、及神農本草之旨。而張機所著之傷寒、諸病論及金匱玉函經等書。爲中國醫家之祖。三國時醫家以華陀爲首。陀之治疾。若遇針藥所不能及者。先令以酒服麻沸散。猶今之服麻醉藥也。既醉無所覺。因刳剖腹背抽割積聚。若在腸胃則斷裂湔洗。除去疾穢。既而縫合。傅以神膏。猶今之用手術解剖也。既治四五日而愈。一月而平復。是蓋醫之神者。

(三)音樂學　漢高祖時叔孫通制宗廟之樂。武帝時特立樂府。以李延年爲協律都尉。舉司馬相如等論律呂。調八音。作歌十九章。張騫自西域還。得胡樂。延年從之作新聲二十八解。後漢明帝時又分大予樂、周頌雅樂、黃門鼓吹樂、短簫鐃歌樂等。亦可見斯學之盛矣。

(四)圖畫學　漢代文運勃興。繪事亦因之進步。吾國明確之畫史。可斷自漢代。前漢歷代諸帝皆好畫。漢宣帝畫功臣十一人於麒麟閣。元帝時名家輩出。而以毛延壽爲最著。後漢畫學尤盛。光武畫功臣二十八人於雲台。明帝雅好丹青。設畫官。圖名將。且因佛教傳入。佛教畫亦大興。其後名家相繼而起。如張衡、蔡邕、劉褒、趙岐。皆傳頌至今不朽也。漢代武梁石室及孝堂山石室之畫。今日猶存。於當時畫體可見一斑。

(五)書法　漢有古文奇字篆書佐書繆篆蟲鳥六書。王莽頗改古文。今已不可考。東漢時最多石刻。靈帝時詔諸儒正五經文字。使後學取正。此以之寫經者也。楷書創於上谷太守王次仲。蓋與隸法相似者。行書創於潁川劉德昇。草書之體。秦已有而未通行。元帝時黃門令史游作急就章。以草書書之。後漢張伯英敢爲一筆草。又有飛白體者。變楷書爲之。輕微而不滿。蔡邕最工。此書亦字學中之一變也。自此一變而眞草隸篆四體備矣。三國時以字學名者有劉表。爲書家之祖。然惜其遺跡絕無存者。鍾繇、胡昭同受其書。昭得其肥。繇得其瘦。然繇傳名千古而昭少傳者貴瘦勁也。

(六)建築學　漢武帝時大營宮觀。其樓台有高四十丈者。仙掌露盤。嵯峨雄峻。此亦建築學發達之徵也。

兩漢之君主尊儒。以學術勃興。兩漢之國力富厚。是以藝術發明。卽社會之生活民風。亦多受政治之影響。而有特殊之現象者。茲分述如左。

(一)農民生活　自井田廢。漢初貧人無立錐之地。多處閭左而爲富人佃作。能自耕作者甚少。農業甚形阻滯。其情形猶之秦世也。自政府迭減稅率。武帝又創代田法。並作田器。民始用牛耕。農民用力少而後耕地多。農業遂漸發達。

(二)商民生活　漢初以商業爲末利。頗抑制之。其情形亦猶之秦世也。嘗禁賈人不得衣絲乘馬。不得任官。至武帝時權酤。課鹽鐵。算車船。算緡錢。設均輸法。與民爭利。而商民益困。後漢又用桓譚言。下重農抑商令。商民生氣索然矣。雖然。國內貿易未能發達。而國外交通則遠過前代。前漢張騫既通西域。所過小國皆遣子弟入貢。後漢班超復以三十六人使鄯善。降服五十餘國。更使其部將甘英使大秦（羅馬）。抵條支（阿剌伯）。臨大海（波斯灣）而還。遂與羅馬間接交通。羅馬久慕吾國之絲。至比之於黃金。稱吾國曰瑟里加 Serica 產絲國之謂也。每從安息（波斯）輸入中國之絲。惟以安息遮道。未能直達中國。及後更破安息。取波斯灣地。其王安敦彪士 Andonius Pins 遣使經印度洋。自安南以通於漢。時東漢桓帝之世也。他若光武時馬援征服交趾。又開與後印度交通之路。漢之國外交通可謂盛矣。

(三)工業製造　漢之工業亦頗進步。其發明品如璿璣、渾天儀、地動儀等，皆前代所無。而尤有利於文化者，則蔡倫造紙是也。東漢以前寫字者多用帛或用竹簡，而簡重帛貴，均不甚便。故蔡倫別創新意，用樹皮麻頭及敝布等以造爲紙。學者便之，遂名之曰蔡侯紙，以示不忘也。至三國時，魏馬鈞作翻車及桶以利灌溉。蜀漢諸葛武侯作連弩矢及木牛流馬以利戰爭。是中國機械學進步之徵也。

(四)民風　戰國之世，士氣甚盛。西漢承其後，餘風未沫。游俠者以武犯禁，言必信，行必果，已諾必誠，不愛其軀，赴士之困阨，存亡生死，而不矜其能，羞伐其德。故窮窘而得委命，以閭巷之俠，修行砥名，聲施於天下，千里誦義，莫不稱賢。然其宗旨所存，乃以反抗專制。故時扞當世之網，而君主每深惡之。景武二帝所以摧滅游俠者，遷徙殺戮，無所不至。卒致朱家劇孟郭解而後。俠客之風泯絕無聞。自武帝表章六經。儒雖盛而大義晦矣。故新莽居攝。頌德獻符者遍於天下。光武中興。知氣節不教。不足以立國。行義不修。無以爲成德。故尊崇氣節。敎勵名實。所舉者莫非經明行修之人。而風俗爲之一變。逸民一傳。皆上不臣天子。下不事諸侯。高風清德。卓邁百世。至其末世。朝政濁亂。國事日非。而當時名士及太學諸生。依仁蹈義。捨命不渝。刀鋸鼎鑊。甘之如飴。道德高尚。風俗淳美。蓋無有尚於此時。桓靈無道。黨獄迭興。草薙禽獮。不遺餘力。正士既盡。漢祚亦隨之傾覆。自曹操得政。知節義之士必不肯附和其奸謀。乃收召有才無行之徒。華歆董昭等皆平步而致青雲。其時節義之士碩果僅存者惟一孔融。遂誣以罪而加以赤族之誅。於是士氣銷沈。不可復振矣。

第十六章　種族之同化與厭世的思潮

晉承三國分裂之後。內而元氣未復。復遭八王之禍。外而異族侵入。繼釀五胡之亂。卒之南北分裂百餘年後始能統一。是時文字愈華。喪亂愈甚。五胡本無文化。徒肆其獷悍之民性以雲擾中原。及其久也。慕漢唐之文化而效之。舍其尚武崇實之質。以尙文崇虛。不免受其同化。遂致衰弱而不能復振。中國人民丁此亂離之世。不能安居樂業。於是厭世之念生。淸淡也。佛學也。道教也。皆於此盛行。此時代種族與宗敎皆極複雜。兩者相爲表裏。遂使文化摧殘。實爲文化最衰落之時代也。

晉世統一不過數十年。卽行覆滅。其致亂之由。皆肇於武帝之時。武帝初政。頗勵精圖治。及統一後。日事聲色。耽於遊宴。而國事遂不可問矣。綜其一生行事。

兆後世亂亡之禍者蓋有數端。

(一)行封建　武帝卽位之初懲魏氏孤立之弊。乃大封宗室。授以職任。又詔諸王皆得自選國中長吏。當是諸王徧於天下。無不擁强兵據廣土。與西漢之初無異。其或入居端揆外作岳牧。則漢初猶不及此。其矯魏之弊可謂過深矣。迨帝崩而八王亂作。骨肉相殘。亘十六年之久。卒召外寇以殺同胞。五胡之亂所由起也。

(二)去州郡兵　平吳後悉去州郡兵。大郡置武吏百人。小郡五十人。交州陶璜上言州兵未宜約損以示單虛。僕射山濤亦言不宜去州郡武備。帝皆不聽。而諸王則大國三軍。兵五千。次國二軍。兵三千。小國一軍。千五百。兵勢反强於畿內。故倫冏輩得藉以稱亂。東渡後調兵不出三吳。大發不過三萬。每議出討。多取奴兵烏合之衆。何足言整軍而經武耶。

封建行而內亂生。州兵去而國力弱。亂亡之禍烏得免。此皆物質上之原因也。
至其精神上之委靡。尤足以致亂。則士大夫之尚清談是已。
當武帝即位之初。即知以學術爲重。觀其立學校。太學生徒至三千人。太始八年生徒至七千餘人。咸甯二年起國子學。當時荀顗以制度。鄭冲以儒術。張華以博物。劉寔以禮法文獻。各擅其長。振興學術。似有勃興之機。無如平吳後。士大夫以國家無事。乃輕禮法。尚放曠。縱酒昏酣。高談元理。老莊之學。爲之一興。甚至王弼注易。亦棄古訓而尚清談。是爲學術之一大變。

清談也者。別乎俗談之稱。謂專講名理。澄濾凡濁。而不關世事也。士大夫相習成風。舉以是爲高尚爲曠達。至其習所以興盛之由。蓋有三故。

一、漢魏以後。一般思潮多流於厭世。蓋以漢末天下大亂。加以晉武帝荒淫暴虐。民不聊生。此受動的厭世思潮所由起也。

二、東漢之世。極重名節。而不尙學問。士風寖陷固陋。物極必反。一時亟矯其弊。至魏晉之際。遂賤氣節。相率與時俛仰以爲高。

三、兩漢儒生承秦火後。崎重古籍。墨守師法。訓詁之繁。世寖厭之。老莊之學遂至風靡。

職是之故。士大夫皆尙老莊。斥儒道。張皇幽渺。顯尙任達。而國事置之度外矣。考清談之習。實啓於魏何晏王弼之徒。至西晉時士大夫清談之風益盛。如王澄、阮籍、阮咸、王衍、樂廣輩。皆沿習之。雖其時排而斥之者。如劉頌、傅咸、裴頠、江惇、卞壼、范甯、應詹、熊遠、陳頵等。各有疏論。以糾其失。然士論所播。成爲習尙。沿至東晉南朝。其風未改。自上及下。皆放達任情。故樸實厚重之人甚鮮。無復有一人憂國是者。是則亡國之大原因也。惠帝時立學官之制。欲矯其弊。然王澄阮咸輩。任放成性。雖樂廣有名敎中自有樂地之語。而其性冲約淸遠。絕無補於學風。政府之政策既自取亂亡。士夫之習尙復忘情國事。至惠帝時而五胡乘機以起。外族之勢力乃瀰漫於中國矣。夫外族勢力之所以膨脹非一朝一夕之故其來也漸茲一述其源委。

戰國之末諸戎懾中國之兵力皆逸出塞外。漢初種族繁衍漸爲內地患。及武帝通西域以斷匈奴左臂其勢復衰。至宣帝時呼韓邪單于遂內降。東漢之初南匈奴亦歸漢。當時降者皆遷之內地委以候望。趙充國擊西羌徙之於金都郡。(甘肅蘭州)光武以南匈奴數萬衆徙居西河美稷。(山西汾陽)後轉至五原。(漢屬幷州今吳喇忒西北)故東漢之季。匈奴種族皆至山西塞內。與漢人雜居。歷久滋盛。益難控御曹操憂其強大分左右中南北五部以殺其勢亦無裨於事。晉初匈奴餘衆相率歸化。武帝皆居之塞內。其他諸族之與漢人雜居晉曰盆衆曰羯匈奴之別種也曰鮮卑東胡之苗裔也曰氐曰羌皆西戎種也故郭欽上徙戎之疏江統著徙戎之論時皆不用惠帝時五胡種族紛紛興起其最凶暴者爲匈奴與羯也自匈奴內犯懷愍蒙塵而中原無尺寸乾淨土直至隋文統一乃告肅清故由晉以迄隋初實漢族中衰而異族強盛之日也其時諸族縱橫雲擾中原此仆彼興有如傳舍自江淮以北中原十州之地淪於異族者垂三百年破碎華離紛紜割據或并兼坐大地擁數州或壤地褊小據有數郡雖小大強弱勢力不侔其蹂躪中國塗炭生靈則一也是時中國之現象如此豈非中國文化之厄運也乎

元帝卽位建康史稱之曰東晉東晉偏安江左百餘年勢常岌岌終不能恢復中原其故有二

一由於東晉君主多昏庸幼弱

二、由於東晉多權姦叛逆之臣，幾與一代相終始，文化之進退，與政治之消息相關。君主既多昏幼，臣工又皆驕恣。清談門第之習未除。文化事業尙有發展之希望乎。雖東晉當咸三年，袁瓌、馮懷請立太學。時士大夫猶尙老莊，儒術終於不振。自成帝至孝武，老莊之餘波未息。雖有山濤、王導、卞壼、溫嶠、陶侃、祖逖、謝安、謝玄等糾正時俗，亦莫奏其功。是時五胡之亂，有十六國，又屬於漢族者五國，共二十一國。或大或小，或久或暫，更起迭滅，垂百餘年。其初最强者爲後趙、前秦，繼之版圖尤廣，幾一北方。自前秦瓦解，北方分裂，較前益甚，至後魏崛起，乃復統一。自有史以來，中原之紛擾，無有甚於此者。是可謂之黑闇時代，文化衰頹極矣。然捨短取長，前秦較爲可取。

前秦至苻堅而始强。堅博學多才藝，交結英豪，有經濟才。得漢人王猛，比之如孔明言聽計從。猛性剛明。清肅。氣度宏遠。勸農桑。練軍旅。恤困窮。立學校。旌節義。繼絕世。官當其才。刑當其罪。由是國富兵强。戰無不克。秦國大治。然謂其政治修明。可謂其文化發達。未足當也。且猛卒未幾而堅亦敗亡矣。

晉滅於宋。十六國滅於魏。乃成南北朝分裂之勢。不特其國土分南北也。即其文化亦南北異趣。試分述之。

(二)南朝之文化

南朝學術較盛於北朝。宋受晉禪。議建國學。未就而武帝殂。文帝元嘉十五年立儒學館。命雷次宗居之。十六年命何尚之立玄學。何承天立史學。謝元立文學。臧燾徐廣傅隆裴松之並以儒學名。謝靈運顏延之並以文章名。

玄學爲道家之學。南朝承晉初老莊清談之遺風。崇尚不絕。故朝廷特設之。亦可見其不專重儒教矣。

齊高帝建元四年建國子學張緒爲祭酒。帝殂而國子學罷武帝永明三年復立。王儉爲祭酒。儉以禮春秋立說學術稍盛。惜國不永祚。施教未及十年。而文運之隆。移於梵語。

梁武帝天監四年。詔建國學。置五經博士。七年帝親拜奠先師。昭明太子蕭統亦引納儒士。東宮書幾三萬卷。帝又命蔡法度作梁律二十卷。令三十卷頒行。學術假超於晉宋。帝晚年頗好佛。士大夫競談玄妙。終不免候景之難。元帝好文籍。兼工書畫。東魏兵來。君臣圍城中。尚詩文唱和。遂焚古今圖書四十萬卷而降。是當時之專意文史。荒於政治可知也。　梁武帝時沈約撰四聲譜。中國始有聲韻之學。

聲韻之學者。漢明帝時與佛說俱入中國。蓋梵文與中土文字迴異。晉代高僧所譯。已開發音切韻之原。四庫總目所謂來自西域。採自晉世是也。

至梁武之世。遂爲梵學之新時代。中國印度兩大潮流渾合之門戶。卽開於此焉。要亟言之。梵文之譯。始於晉。而採用印度學術。則始於梁之韻學。是故南北朝時代爲印度學術輸入之始。

陳高帝受梁禪。不事文教。文帝崇尙儒術。天嘉以後。始置學官。然學者之名。後世無傳。

觀南朝之於學校。行非所亟。且其選舉。沿用九品官人制。更定限年之法。授官不問其人之賢否。而以其敘官年月之深淺爲銜。年月深者。雖不賢。亦得先用。年月淺者。雖賢亦多向隅。舉才之大弊。至斯爲極。而望人才之盛。不亦難乎。南朝歷代文化之概況。既略言之矣。此時代中思想界感化力最大者。莫如佛教

佛教自東漢而後。勢力日盛。而西僧之東來者。亦日衆。晉惠帝時之衞道安。後

趙時之佛圖澄。後秦時之鳩摩羅什。皆一時名僧。頗得中國人之信仰。至南朝則更盛焉。宋時迦濕彌羅僧求那跋摩來。立戒壇。爲僧尼受戒。是爲中國有戒壇之始。蕭齊惠交太子與竟陵王子良並好釋民。時瓦官寺有玉像。可謂盛矣。而梁武帝則信佛之尤著者也。帝三捨身於同泰寺。以求福利。持齋念佛。宗廟去牲。皆以麵代之。惟帝雖信佛而未得其道。徒襲其名耳。時印度僧菩提達摩自海路來廣州。帝召至宮中。與言佛理。達摩知帝不能領其宏旨。乃往居於魏嵩山少林寺以修禪。是爲中國禪宗之第一祖。至陳有眞諦三藏寺。崇信益盛。

考其間佛教之所以盛行。蓋有三故。

一、東晉名人。談老莊者多參佛學。故佛教得增其勢力。

二、此時君主多信佛。故佛教得君主之保護。乃益傳播於民間。

三、一百五十年間更易四朝。國家之紛亂已極。人民苦於兵燹。遂生壓世之念。

因此三故佛教乃乘機發展其勢力。南朝四百八十寺。多少樓臺烟雨中。可稱極盛。迄今吳俗好鬼。未始不由於此也。

佛教以衆生平等爲宗旨。與兵備實不相容。然世變方亟。國勢日危。此種高尚理想。豈其所宜。卒因崇佛之故。弛其兵備。南朝之不振。殆由是歟。

(二)北朝之文化

後魏爲跖跋氏。出自鮮卑。本無文化可言。及其久居中國也。亦漸慕華風。觀元魏太武帝既定都邑。(都平城今山西大同)立太學。置五經博士。徵盧元高允。儒術大興。至孝文帝文教益興。稱爲北朝第一令主。帝時古禮修明。百廢具舉。復嫌本俗之陋。謀變易之。乃用王肅謀。行左之政策。

一、以平城地寒。風沙常起。乃用武之地。非可文治。託爲南征。移都洛陽。所以吸收中原文化也。

二、禁胡服胡語。令人民易漢服。學漢語。所以變風俗也。

三、爲諸弟娶中州民族。而以前妻爲妾媵。獎勵國民與漢人通婚。所以和種族也。

四、自以系出黃帝。以土德王。因下詔言土者黃中之色。萬物之元也。宜改姓元氏。其改從漢姓。則又所以消除胡漢之意見。而破其畛域也。

凡此皆傾向中國之文明。而欲使其同化也。自五胡以來。魏文一人而已。南北風氣。各自不同。南人尚文而失之柔弱。北人尚武而失之鄙陋。文帝取同化主義。以去其鄙陋之習。計誠得矣。然而強健武勇之風。亦漸次消滅。鄙陋雖化。而柔弱隨之。隱兆他日之衰弱焉。

是時鮮卑族握北方之主權。自表面言之。鮮卑族之勢力。可謂強矣。然易服變言通婚改姓。自精神上觀之。已屈服於漢族文化之下。消長之間。未可定論也。

孝文帝既慕中國文化。故篤好儒學。劉芳李彪等以經書進。崔光邢巒以文史用。孝明正光三年。釋奠國學。命祭酒崔光講孝經。孝昌(年號)以後。海內淆亂。四方諸學存者無幾。孝武永熙中復釋奠國學。命祭酒劉廞講孝經。李郁說禮記。盧景宣講大戴禮夏小正。　東魏孝靜帝興和武定之間。儒術稍振。西魏文帝時。經術稱盛。凡鄭玄之詩書禮論語孝經注。服虔之春秋左傳注。何休之公羊傳注。杜預之左傳注。皆南學也。而行於北。又蘇綽盧辨皆承宇文泰之意。依周禮建六官。魏末徐遵明起。遂開周隋經學一派。

北齊國學徒有虛名。國子一學生徒不滿數十人。外郡學生游惰不檢。以人主專崇佛教之故也。　北周儒術不逮西魏文帝之時。

綜南北朝之文化而比較之。北朝又遜於南朝。蓋其時惑信道教。尤爲文化上之一大障礙也。

道教自漢張道陵首倡。東晉時葛洪著書推明其理。其說漸盛。至北魏時。則直以道教爲國教。其流毒深入人心矣。太武帝時有寇謙之者。隱於嵩山修道術。自言遇神人授以圖籙眞經。詣闕上之。崔浩力贊其說。勸帝招致其弟子四十餘人。起天師道場。因廢佛教。及謙之卒。韋文秀由嵩山被召。亦受禮遇。自後諸帝咸如之。道教與佛教由是並行於中國。然以道教之說。在去邪累。淸心神。增德積善。可得長生不老之術。與佛家之修持立說相似。而燒丹鍊汞。效不可覩。且易於致生命上之危害。故勢力終視佛教爲弱。

晉人尚淸談。爲老莊之變形。然比較爲高尙的。至道教之神仙說。則更卑陋矣。

兩晉南北朝之文化。其大較如上所述。因此以知思想界之趨向。各有特點。卽晉人尚老莊。南朝尚佛學。北朝尚道教。是也。茲更探其來由而爲之區別。

(一)老莊　以虛無恬淡爲主義。因欲脫社會之痛苦。遂生厭世的觀念。漢代頗盛行。至晉時一變而爲清談。

(二)道教　通常以養身爲本務。唱此說者淮南子也。淮南子以人性爲虛靜的。欲養性不可不爲虛靜的生活。至末世乃謂人間之精神狀態。得與神交通。遂成道教。

(三)佛教　希望將來之幸福。脫離現世之苦痛。其說自東漢以三國六朝皆盛行。於三種思潮中尤占勢力。

此三種思潮何以生。一言以蔽之曰厭世觀念也。大抵生於亂離之時。或亂離之後。動極思靜。偷生苟安之現象耳。

兩晉南北朝之思想。既同歸於厭世主義。則其學術之不興可知。惟其學風亦各有特殊之趨勢。概別如左。

一、晉代學術大抵舍實而務華。加以劉石之亂。漢時經學多失其傳。此人心之所以日趨澆薄。而大亂弭平之不易也。

二、南朝承晉人餘習。偏重文詞。其君若臣皆以雍容儒雅相尚。雖兵臨城下。而吟風弄月詩酒唱和之興不減也。

三、北朝尙經學與南朝迥異。其故雖由學校興廢之不同。而漢魏之世鄭玄及其他學者多北方人。其宗派流衍於北方。亦其一原因也。

兩晉南北朝時。天下喪亂。不特思想相殊。卽其制度典章亦屢有變更。然考厥源流。非無系統。大抵晉代制度多仿自曹魏。而曹魏又仿自漢世。至南北朝又視晉稍有損益。分述如下。

（一）官制　晉京官有八公三省九卿。八公位最尊。然不僅為優禮大臣之虛號。或係他官兼職。三省則皆秦漢中官之職。而晉則為樞要之官。尚書省有尚書令掌庶政。中書省有中書監令掌詔敕。門下省有侍中侍郎。掌侍從擯相等事。九卿之制。與漢無大差異。

南朝大率沿晉制。惟於三省之外建祕書集書二省。其他則略有損益耳。北朝官制改革甚多。後魏初別設各省。孝文帝時有王肅者來自南朝。始改效南朝官制。又後魏分為東西。其制亦有異同。蓋東魏多沿後魏之制。西魏自宇文泰執政。從蘇綽言。仿效成周設六官分掌諸政。至北周亦從其制。

至地方官制。晉初郡國並置。略與漢同。沿至南北朝。無甚變更。

（二）田制　晉初因兩漢之民貧富懸殊。設均田法。有井田遺意。因男女老幼之別。各授以田。其後亂離相繼。民戶耗減。田多曠廢。南朝田制不詳。北朝後魏孝文好儒。更從李安世言。行均田之法。北齊北周仿之。稍有差異。

（三）兵制　晉平吳後。州郡兵備大弛。以致盜賊之起。無以守禦。遂釀大亂。其後州郡長吏外募民兵以自衞。於是兵柄旁落。而州郡之勢轉重。亦非善制也。

北朝後魏孝文置宿衞十五萬以固京師根本。後至武夫凶悍。劫戮大臣。朝廷不能制。魏政遂衰。西魏宇文泰於國內設百府。以持節都督統領之。頗合古代寓兵於民之意。是爲隋唐府兵之基。

（四）刑制　晉初作刑律。删前代苛虐之刑。亦刑法上之一進步也。魏初刑制頗酷。至北齊北周。除重罪外。皆可論贖。惟齊律有十惡之名。爲後世所沿用。

(五)學校選舉　西晉置太學國子學。凡學生數千人。劉石亂起。遂致流散。古代書籍亦多煨燼。東晉雖設學舍置諸博士。及殷浩當國。以時方用此。罷遣生徒。學校竟廢。南朝以宋重玄學。梁重佛教。學校皆無成績。北朝後魏孝文力效華風。學校特盛。至於選舉制度。胥仿魏制。置州郡中正。以九品取人。南北朝亦有行之者。

觀是時之制度。紛更已極。政治不良。學術難望其發達矣。比而較之。文學經學差勝其餘。茲略述如左。

(一)文學　文學自漢魏後所流行者皆詞賦。而又日趨於華美。故歷兩晉南北朝文章皆尙排偶。諧聲韻。文辭絢爛。斐然動人。後世稱之爲六朝文。然文章雖發達。而祇競才華。不闡義理。故不切於實用。惟當時詩歌則高華典雅。富於風神。而於五言爲最妙。至排律於茲實開其端。若阮籍、嵇康、張華、潘岳、陸機、陸雲、左思、郭璞等均屬作手。其後陶淵明作詩。獨尚沖淡淵雅。故其志操著於劉宋之世。

南北朝之詩文學北遜於南。南朝詞章日趨華美。其最著者。宋則有顏延之、謝靈運、鮑照。齊則有謝朓、王融、孔稚圭。梁則有沈約、任昉、江淹、范雲。朓爲宣城太守。吟咏最盛。稚圭北山移文。無語不新。有字必雋。六朝文章之眞面目盡於此矣。徐陵、庾信行輩較後。皆以駢儷稱。而徐不如庾。若梁昭明之文選。實創總集之體。劉勰之文心雕龍。實創論文之體。鍾嶸之詩品。實創詩話之體。徐陵之玉臺新詠。實創詩選之體。皆至今不廢。惟江左文風本以浮豔著。陵夷至於陳後主。以江孔爲狎客。益流於淫靡。而南朝之局以終。

北朝如魏之邢劭、溫子昇。齊之祖鴻勳、邢邵、顏之推。亦一時之矯矯者。同時王暉素稱子昇爲陵顏轢謝含任吐沈。亦北人自誇之言、而邵與之齊名。時謂之溫邢。魏收雖天才駿發。而年事則在二人之後。子昇死後。方稱邢魏。之推家訓稍有實用。然史稱其好飲狂縱。不修邊幅。則亦一行不踐言者耳。且家訓所言。亦出入於釋家。殆當時好佛之習使然歟。

至於詩學。在梁以前。詩歌平仄皆通用。至沈約爲四聲之學。而詩之制限始嚴。律絕之體。由是而生。詩之分類由是而繁矣。

【二】經學　晉初漢魏遺儒通經者甚衆。最著者爲杜預。備成一家之學。至東晉則各置博士。如王弼之易。孔安國之古文尚書。鄭玄之尚書毛詩周官禮記論語孝經。服虔杜預之左傳。皆傳於世。惜自劉石亂後。經籍散失。漢時經學宗派。遂多失傳。

六朝諸儒。地分南北。所以章句。好尚不同。北朝經學。視南朝爲盛。後魏時習經學者大都千餘人小者猶百數十人徐遵明為經學大家通諸經最精三禮嘗講學山東出其門下者多以經學得名如李鉉盧裕等皆負重名南朝專門經學家不多而通經學者亦不乏人如王儉皇侃等皆卓然可稱然較之北方究有不逮當時說經南北皆雜以老莊門戶之爭因之大啓至唐猶承其弊也

南人非不通經學特多喜治易不如北人之喜治三禮耳北人非不工文特多為典重之詞不如南人之麗靡耳是時藝術尤為發達後之書畫家皆不能出其範圍

(一)書法　晉時以書名者有衛瓘、索靖俱善草書衛瓘得張伯英之筋索靖得張伯英之肉汝陰太守李矩妻衛夫人最善隸書王羲之嘗師之羲之與鍾繇齊名其書稱古今第一篆隸眞草行及飛白諸體無不精妙故能總百家之能兼衆體之妙。其諸子俱工書。而以獻之爲最。

南北朝時書法亦頗進步。大抵南人長於書帖。北人長於書碑。北人筆意主方。近人謂之魏碑。南人筆意主圓渾。近人謂之六朝體。各有異趣。就中顏之推得二王之祕。因以書法擅名南北。

(二)畫學　晉主中國。紛爭幾無甯日。及南渡後。文化集於江南。且世尚華采。美術尤其所長。其時山水畫日趨發展。以顧愷之爲最。衞協亦精繪事。稱爲佛畫之鼻祖。

南北文化各異。畫學亦自有別。南朝富風流溫籍之趣。北朝有雄大奔放之風。南朝著名者有陸探微、張僧繇。北朝有曹仲達、楊子華。

(三)音樂　自五胡亂華。樂器與律均失。古樂乃不可復矣。惟阮咸作月琴。宋識作拍板。流傳至今。亦樂器中之一助也。

兩晉南北朝。爲吾國文化最衰落之時代。而社會生活狀態亦大受其影響。茲就其生業及民風。分述如左。

（一）農業　西晉歷年未久。且永嘉以後。南北爭峙。兵無甯日。民不聊生。而農業較能維持者。以政府知所注重故也。其農政如左。

1 水利　水利一事。爲當時所特重。如晉時沛縣苦澇。燉煌苦旱。因其地官吏講求水利。故收穫皆豐。

2 均田　兩晉南北朝皆行均田法。後周且立均田司以掌田里之政。

3 勸農　後魏時有司以每歲春月親涖郊野。巡視農之勤惰。督民互相爲助。必令地無遺利。人無遊手而止。

4 屯田　後魏於緣邊之地。堪以開墾者。皆營屯田。設子使以統督之。（每一子使領田五十頃）歲終考其所入以爲褒貶。

5 農書　後魏高陽太守賈思勰撰齊民要術。

(二)工業　工業亦以天下亂離之故民力疲敝。不安其業。概無足觀。其公家之建築私家之製造稍著者如左。

1 宮室　晉建景福聽政諸殿。而最奇者為涼州牧張駿所起之謙光殿。殿之四面。各起一殿。窮極珍巧。至如宋之玉燭殿。齊之芳樂殿玉壽殿。陳之臨春結綺望仙三閣。皆極壯麗。

2 寺塔　統南北朝寺塔不下數萬。其最著者推宋之一柱觀。北魏之永甯寺及寺之九級浮圖。

3 鍛鍊　晉之嵇康向秀皆善鍛鍊。北齊綦毋懷文造宿鐵刀。尤有名。

4 製造　晉杜元凱作連機水碓以利農事。北魏太武時有月氐國商人到京師。鑄石為五色琉璃。

(二)商業　自五胡亂華以來。中原概入戰事漩渦、人民不安其居、土著者少。大都舍農而務商。其國內國外貿易皆盛。惟幣制變更無定耳。

1 國內貿易　晉自武帝開國至於南朝諸帝皆事奢靡。臣民化之。故商人得挾貲蘊積以營其利。淮水之北。大市百餘所。小市十餘所。政府設官課稅。貿易不可謂不盛也。北朝自孝文遷都洛陽。商業之進化。亦奔軼絕塵。

2 國外貿易　晉時之日南交州。南北朝之交趾永昌。皆時有中西貿易之跡。晉書稱倭人(日本)大宛、康居、大秦等國皆來貢獻。可知其中外貿易之盛矣。

3 幣制　西晉用魏錢。東晉用吳錢。概少更創。至南朝時則屢有鑄造。且質皆輕薄。私鑄尤多。嶺南諸州尙有用鹽米布者。北朝概用五銖錢。賞州以北尙用絹布。

兩晉南北朝以更迭頻仍民風各自不同分述如左。

(一)晉之民風　晉世風俗浮靡其弊有三。

1 流品混淆士夫不講廉恥其病自魏武奬偏短之士求見笑之行開之。

2 門第界限過嚴晉初仿魏制置州郡中正以九品取人。然爲中正者分別九品高下。惟計門閥官資故當時有上品無寒門下品無世族之諺。且士庶不通婚。寒人有納貲士族以求進身者。新進有求通譜以標門閥者。其實士族亦無他長。惟雍容令僕裙屐相高而已。

3 海內崇尙淸談憂國之士不可多覯若陶侃之甓祖逖之楫蓋僅見者矣。

(二)南朝之民風　南朝承東晉餘習。亦尙淸談。重門第。而門第之見尤甚。

宋齊而下。胄姓多綺靡成風。不顧名節。若劉思忌所謂甯爲南鬼、不作北臣。石頭城謠所謂甯爲袁粲死不、作褚淵生。亦爲僅見。且其時盛行葬術以是著名者有孔恭高靈文等。風水迷信之說因此啓矣。

(十二)北朝之民風　北朝風俗質樸。士多耐勤習勞。人民又習勇武。兼勤農業。故北方既統一而欲兼并江南。其勢有不得不然者矣。惟魏孝文篤慕華風。其後漸與漢人同化。終失尙武之精神。獨於早婚之俗未能革除。大抵文化較低之民族多有之。北朝起於北方。文化未進。故其舊俗未能猝改耳。

第七章　統一後中外文化之對流

自晉懷帝以來。五胡雲擾。垂三百年。迨楊氏起而車書復歸一統。困苦憔悴之百姓。至是乃能稍息。隋之功顧不大哉。

文帝之滅周也。盡誅宇文氏。雖亡國之子孫。多不免於殺戮。爲專制政體必然之勢。亦以帝爲華種。宇文氏爲鮮卑種。種族之見未必無之。帝既一天下。勵精圖治。愛養百姓。勸課農桑。輕徭薄賦。其自奉養務爲儉素。天下化之。故開皇仁壽之間。衣食滋殖。倉庫盈溢。且頗具治才。其所定刑律官制兵制等類。皆爲唐制之椎輪。後世之矩矱。惜乎晚年猜忌。不悅詩書。惟以文法自矜。學術未能振興也。

煬帝承天下昇平之後。概然慕秦皇漢武之故事。內則盛興土木。外則屢勤遠略。文化事業亦多發展。雖其時有民窮財困之象。其功亦有不可沒者。

(一)定制度　歷史上制度之最完備者必推漢唐。然漢制大半參用秦制。唐制大半參用隋制。然則楊氏不啻爲李氏之先導矣。隋制名雖定於文帝時；實則至煬帝時多所變更。謂唐制多本煬帝之制度可也。其制度或依漢魏。或仿北周。組織至爲完善。

1 官制 除六官之制。一依魏晉之舊。外變後魏九品之制。而曰正曰從。分十八階。截然而不可紊，遂爲後世所沿用。外官則刺史分三等。縣令分九等。其上又有總管。卽都督諸州軍事之改名也。

2 稅制 多本於後周。高祖在位。屢次減輕。民年十八以上爲丁。從課役。六十爲老。乃免役。田租輸粟。桑土調絹絲。麻土調布。煬帝卽位。猶以戶口繁富。府庫充盈。除婦人及奴婢之課。後征伐巡遊。帑藏不給。稅乃增重。

3 兵制 兵制以府兵爲最善。其制區爲平時臨時二種。其平時之兵。京師則掌於十二衛。地方統於刺史都尉。其臨時之兵。有左右十二軍等名。唐之兵制。卽就此而改進者也。

4 刑制　文帝定刑律十二篇。煬帝卽位增十八篇。五刑之內。降從輕典者二百餘。綜其刑名分五等。大概如左。

隋刑制表

律名	名例　衛禁　職制　戶婚　廐庫　擅興　賊盜　鬭訟　詐僞　雜律　捕亡　斷獄
罪名	謀反　謀大逆　謀叛　惡逆　不道　大不敬　不孝　不睦　不義　內亂
刑名	笞—自一至五十 杖—自六十至一百 徒—自一年至三年 流—自二千里至三千里 死—斬絞

5 **學制**　文帝既平寰宇。令自京邑達乎四方皆啓黌校。齊魯趙魏學者尤多負笈從師。不遠千里。及晚年。不悅儒術。專尚刑名。遂廢太學及州縣學。僅留國子學生七十人。改爲太學。煬帝卽位。復開庠序。國子郡縣之學。盛於開皇之初。徵辟儒生。遠近畢至。

9 **選舉**　隋制中惟選舉之制。未能完善。且使後世承其弊而莫能改革。其缺點有二。

1 **設進士科**　自魏晉以來。九品中正之制。叢弊爲甚。煬帝始建進士科。士得投牒自進。而鄉舉里選之法。遂不復行。中國數千年之科舉。由此大成。而士子氣節志行。亦日衰替。是爲我國一大弊政也。

2 **賤工商**　開皇七年。制諸州歲貢三人。工商不得入仕。是舉士必嚴也。不知服官入仕。爲國民應享之權利。工商亦國民之分子也。乃限制之不與齊民齒。宜工商之不能發達也。

(二)興學術　帝不特政制卓著。即其時學術亦有足稱者。即位後學校宏開。英髦畢集。劉焯劉炫號爲通儒。焯於九章周髀推步日月之進。量度山海之術。靡不窮究。炫於詩書論語春秋孝經。亦均注說。又王通者亦隋人也。門人私謚曰文中子(今有文中子一書其體例摹仿論語)自晉宋以後。聚徒講學自王通始。說者謂通爲隋末學術之後勁。又開唐代風氣之先聲良是。

(三)禁讖緯　讖緯之說。起自周末。盛於西漢哀平之際。王莽篡漢。嘗以藉口。光武中興。亦信其說。魏代王肅引古學以闢之。晉王弼杜預亦與肅意同。南朝宋大明梁天監中。嘗禁圖讖。至隋煬帝即位。乃發使四出。遍搜海內圖讖燒之。是則大有裨於文化者也。

(四)鑿運河　帝久思巡遊四方。聞江淮之地繁華甲於天下。欲巡幸之。而建都長安。與江淮間乏通舟之大河。交通頗不便。故爲南遊計。須鑿運河。乃發丁百萬。開通濟渠。又發民十萬。開邗溝。尋又更發河北諸軍百餘萬。開永濟渠。後又穿江南河。計自天津達杭州。長凡二千二百餘里。通過黃河淮水長江三大流域。爲世界人工造成之第一長水。此外所至鑿河。令舟行自兩京直達江南。雖其鑿河起於一人之私意。然於交通上極有功效。中國南北風氣。賴以調和。自隋迄今。歷代皆承此運河之利也。

(五)拓疆土　帝遣人引致西域諸胡商。昭之以利。勸令入朝。厚賞賜之。以示中國豐饒。於是西域諸胡相率來朝者四十餘國。又南服林邑。西擊吐谷渾。東征琉球朝鮮。於是隋之疆域。東南皆至海。西至且末。北至五原。東西九千三百里。南北萬四千八百里。聲威赫赫。四表震驚。是以文化能遠播也。

(六)築長城　秦代長城僅自臨洮至遼東。其西北兩邊。則未之有也。至煬帝欲耀威於突厥。乃增築之。大業三年發丁百餘萬築長城。西距榆林。東至紫河。由今河套達歸化城南。四年發丁六十餘萬築長城。自榆林而東。五年發丁五萬於朔方靈武築長城。東至黃河。西至綏州。南至勃出嶺。(在今綏德北界)觀此可知煬帝之豐功偉烈。不在始皇下也。

隋代雖享祚不永。觀其興作。足以固國防利交通。其征伐足以拓版圖揚國威。而其文化之影響於後世者。尤不小也。惜帝遇事驕奢。大兵大役。二者並興。天下苦驛騷。息肩無日。大亂以起。而國亡於唐。

中國國勢之強。首推漢唐。中國文化之盛。亦必數漢唐。大抵文化之盛衰。關於國勢之強弱。漢唐之版圖。遠過前古。故其文化。亦為後世之模範。以唐與漢較。

其國勢，其文化。有過之無不及也。

自三國以來。厭世之觀念充滿於天下。人心腐敗。幾無有望治之心者。故三國六朝之人心。於名利外無所求。此其所以不能統一也。隋興不滿四十年。天下復分裂。至唐興乃能統一。且能致天下於太平。其故有三。

一、經久亂之後。人民渴望太平。

二、太宗有智略。能定久安之計。

三、六朝之末。社會反動。志士皆欲助唐。

是唐之治世。全爲六朝之產物也。高祖之世。國事粗定。百廢未興。獨於興學一事。首先治重。觀其卽位後。置鄉學國學。親奠於至聖先師。可知其意之所在矣。然未足以言文化發達。文化發達。當自太宗始。

太宗者。三代後第一偉人也。中國之文化。衰於西晉。極敝於梁陳。至隋有天下。

始稍稍復振。然不久亂亡。洎太宗御宇而後。不特大漢天聲。震古鑠今。卽中原文物。亦臻極軌。開創守成。帝固以一身兼之矣。

太宗之功業所以卓絕千古者。一由勤約。一由用賢。一由興學。

(一)勤約　太宗天資英敏。才兼文武。且力戒驕侈。卽位之初。命縱禁苑鷹犬。罷四方貢獻。出宮女三千人。後又復出三千人。帝尤留心民事。詔五命以上各舉堪爲縣令者以聞。又使李靖巡察長吏賢不肖。及民疾苦。又寬刑罰。嘗親錄繫囚。縱使還家。約其至期就死。後如期皆至。無一人逃者。可見其德化之深。

(二)用賢　帝卽位。用房玄齡杜如晦爲左右僕射。玄齡善謀。如晦善斷。史稱房謀杜斷。台閣規模。一代典章。皆出二人之手。二人忘身殉國。同心輔帝。知無不爲。終唐之世。稱賢相者。必首推房杜焉。又以魏徵爲諫議大夫。

徵狀貌不逾中人。而膽智無敵。與文皇討論政事。往復應對。凡數十萬言。匡過弼違。能近取譬。皆前代諫臣所不敢言者。

(三)興學　帝爲秦王時。以杜如晦、房玄齡、虞世南、褚亮、姚思廉、李元通、蔡元恭、薛元敬、顏相時、蘇勖、于志甯、蘇世長、薛收、李守素、陸德明、孔穎達、蓋文達、許敬宗。爲文學館學士。分爲三番。更日直宿。太宗暇日。輒至館中討論文籍。或至夜分。使閻立本圖像。褚亮爲贊。號十八學士。士大夫得預其選者。時人謂之登瀛洲。既卽位。置弘文殿。聚四部書二十餘萬卷。置弘文館於其側。選天下文學之士。與講論前言往行。及商榷政事。又於東宮置崇文館。增創學舍。增置生員。其時國學之內。生徒亦衆。多至八千餘人。爲從古所未有。觀其提倡學術也。足以振魏晉之陵夷。啓唐代三百年之文運。厥功偉矣。

當是時海內昇平。人民各安其居。至於外戶不閉。路不拾遺。故貞觀之治爲三代下所僅見。唐書贊之曰。除隋之亂。比迹湯武。政治之美。庶幾成康。誠非虛譽。唐初武功。亦非秦漢所能及。太宗高宗之世。版圖遼闊。使漢族文化間接遠播於四方。蓋漢族之勢力。至隋而漸擴充。至唐而全收其効力。太宗高宗之時。西定突厥。北服鐵勒。南討南越。開拓版圖。爲亘古所罕有。政令所及。東自朝鮮滿州。北並內外蒙古。西自天山南北兩路。包中亞細亞。至後印度諸國。亦多爲唐之屏藩。因置六都護府以統之。列表如左。

名稱	所屬	所治地	管轄區域
單于都護府	關內道	山西大同西北之雲中城	內蒙古
安西都護府	隴右道	天山南路之焉耆	天山北路及中亞細亞
北庭都護府	隴右道	天山北路之庭州	天山北路

安東都護府	河北道	初治朝鮮之平壤後移遼河旁之遼東	滿洲朝鮮
安南都護府	嶺南道	嶺南之交州	南海諸國
安北都護府	關內道	初治鬱督軍山南狼山下後移陰山麓之中受降城	外蒙古

太宗高宗兩朝。洵爲唐代極盛之時。凡百典制。亦大都定於此時。且不僅爲中國歷代之模範。卽日本朝鮮亦多取法焉。其制度多本於隋。而視隋實爲完備。今述其特異者如左。

(一)中央官制　唐之中央政府。上置三師三公。一如古制。然無實權。實權操之尚書門下中書三省。尚書省掌典領百官。會决衆務。承而行之。其長爲尚書令。其下有吏、戶、禮、兵、刑、工、六部。部各有長爲尚書。門下省掌侍從獻替。規駁非宜。審而覆之。其長爲侍中。中書省掌獻納制册。敷揚宣勞。揆而議之。其長爲中書令。是此制定三省之名。至宋元不廢。六部之政。迄明清沿用。雖其間不無變更。然大致不出此範圍也。列表如左。

三省
- 尚書省（尚書令）
  - （左僕射）（右僕射）
    - 左丞
      - 吏部（吏部尚書）
      - 戶部（戶部尚書）
      - 禮部（禮部尚書）
    - 右丞
      - 兵部（兵部尚書）
      - 刑部（刑部尚書）
      - 工部（工部尚書）
- 門下省（侍中）
- 中書省（中書令）
  - 門下省、中書省：（同中書門下三品）（同中書門下平章事）

（二）府兵之制　初府兵之置也。無事則耕於野。歲時番上宿衛京師而已。若四方有警。則命將帥以出征。事平解散。將歸於朝。士散於野。士不失業。而將帥無握兵之重。所以防微而杜漸也。且其制爲徵兵。深得古昔寓兵於農與東西洋軍國民之意。宅中馭外。規模宏遠。何其壯哉。列表於左。

唐代府兵制表

名號	數目	人數	官長
府	一	二八〇〇	折衝都尉一人果毅都尉二人
團	六	三〇〇	校尉一人
隊	三六	五〇	隊正一人
火	一八〇	一〇	火長一人

(三)租庸調之制　租由稅、調戶賦、庸口錢。卽古所謂粟米之征。布縷之征。力役之征也。大抵唐制計畝而稅之令少、計戶而稅之令多。以其時計依戶口授田。故不必履畝論稅。第逐戶稅之。而田稅自在其中。定天下戶爲九等。於編審尤密。每三年造鄉帳。每一歲造計帳。是唐制以人丁爲本。有田則有租。有身則有庸。有戶則有調。法良意美。版籍騷然。無隙擾隱匿之

弊。

(四)內外學制　唐始受命卽詔有司立孔子廟於國學。其學校之名。京師有國子學太學四門小學專門學校有律學書學算學其京尹府縣亦皆有學。又有崇文宏文兩館。爲宗室功臣子弟所學。他如元武屯營飛騎亦設博士授之經。無何新羅高昌百濟吐番高麗日本並遣子弟入學。凡八千餘人。國學之盛。古所未有。

(五)登庸人才之法　太宗時立宏文館。並興州縣諸學。以養成人物。故登進悉皆才俊。後又開禮部試。四方策名委贄之士。不遠千里。翔集京師。太宗顧而喜曰。天下英雄盡入吾彀中矣。夫制舉之法。由來已久。自漢以後。常稱制詔進天下之士而親策之。唐世崇尚儒學。內自京師。外至州縣。有司常選之士。以時舉行。而天子又自詔德行才能文學之士。或高蹈幽隱。

不能自達、以至軍謀將略。翹關拔山、絕藝奇技、莫不兼取。謂之制科。其爲名隨一時人主所欲。而尤秀異者。則博學鴻詞、賢良方正是已。此外則天子巡狩行幸。輒集四方之俊秀於行在而試之。其所以待之之禮甚優而宏材偉論非常之人。時時出於其間。不可誣也。

(六)刑制　唐之刑律。爲後世所宗法。所謂唐律是也。其刑書凡四。曰律、令、格、式。其用刑有五。一依隋舊。並設十惡之目。若犯罪先付平議。可宥者宥之。所謂法外施仁者也。太宗時且除鞭背刖足等刑。其決死刑之日減膳撤樂以矜之。不失愼刑之意。

觀太宗高宗兩朝之制作。幾無一而非後世之準繩。茲更述其國外交通。以明大唐文化遠播之情況。

(一)日本輸入中國文化　日本人之留學於中國。始於隋而盛於唐。與遣使互相關係。當時留學之日人。大概分爲兩途。一爲習儒學。稱曰學生。二爲習佛學。稱曰學僧。其來學則隨所遣之使同來。歸國則隨所遣之使同歸。或隨鄰國之使以歸。其時學生中著名者。如惠濟、惠光、靈因等。學僧中之著名者。如道昭、最澄、空海等是也。其歷朝皆置遣唐使。出聘之車冠蓋相望。由是日本之學術漸興。風俗漸更。上自天時、地理、官制、兵備。暨乎典章、制度、語言、文字。至於飲食處居之細。玩好遊戲之微。無一不取法於大唐。禮儀文物。居然大備。至今彼都人士。猶稱述之弗衰。以我國二十年來留學於彼之情形。比彼國當年留學於我國之情形。適成一反比例。然則吾國人可以愧。可以興矣。

（二）西藏輸入中國文化　唐之吐蕃。即今之西藏也。土地高曠。山谷阻深。未嘗與中國通。太宗時。棄宗弄贊君其國。太宗征服之。妻以文成公主。弄贊大喜。自是慕中國服飾禮儀之美。自變華風。遣諸豪子弟入唐國學。習詩疏。又請儒者典章疏華夏文明。因以西被而西藏之文化益發達矣。

（三）陸路交通　東西陸路之交通。至隋而興。至唐而極盛。隋時與西域交通。以伊吾高昌鄯善爲西域之門戶。敦煌爲總輳之咽喉。而張掖實爲東西互市之中心。西方賈人嚮集其地者數十國。比唐興。征服東西突厥。於是關天山南北葱嶺東西孔道。橫絕中亞細亞。包有烏滸河（即阿母河）兩岸之地。唐境乃得與波斯接壤。西域諸商胡之東來者因日多。中國人之商於昭武九姓波斯天竺等地者亦日衆。彼善營商利樂覩時變之腓尼基人。乘機而握西起歐非東達中國之商權。陸路從地中海東岸之安提阿。經呼羅珊、中亞天山南路而至中國之長安。迨大食國勃興。而阿剌伯人漸廓商界。乃合海陸而統握其互市權。又吐谷渾、吐蕃等國被唐征服。於是自青海西藏經尼泊爾可直達中天竺。唐人與印度之交通。亦由是滋密。

(四)海路交通　兩漢魏晉時。羅馬商船獨擅印度洋之航海權。比佛教遂漸東行。而錫蘭與南洋諸國及中國之間坦途以闢。中國之海運漸興。其經爪哇蘇門答剌而至錫蘭之航路。遂歸中國人手。閱南北朝而逮唐初。更征服琉球林邑。印度洋之航路大通。中國估舶益形便利。或由錫蘭傍西印度而入波斯灣。或循阿剌伯海岸而抵紅海灣口之亞丁。時錫蘭爲世界商務之中心。中國人馬留人(馬來人)以及波斯腓尼基諸種人。咸自四方輻輳於斯。從事交易。迨西亞與北非諸沿海港灣及印度河口。相繼爲大食所有。於是阿剌伯人借其屬地之波斯腓尼基人。益擴張其航海之能力。踴躍東趨。經南洋諸邦而通市於中國。遂代中國人而擅有亞洲全局之航海權。當唐盛時。阿剌伯人之通市於我沿海諸港若廣州、泉州、杭州者良夥。唐於諸港例置提舉市舶官。徵收課稅。爲歲入一大利源。

要之大唐二百數十年間。中西互市。海陸均極一時之盛。而開闢途境。實在太宗高宗兩朝。是時西方諸國遠聞摩訶震旦之名。接踵而至。通商互市。雲集鱗萃。雜沓於中國。大抵遵陸者以葱嶺東西天山南北爲孔道。航海者以渡紅海越印度洋而至南海爲要途。其間宗教之傳播。大半因交通而來。故玄奘西行。遠賚梵本。天方崛起。東滅波斯。皆爲外教輸入之原因。而中國之學術、技藝、風俗、物產。因此以輸入西方者亦頗多。是時實爲中西文化對流之時代。唐之文教勢力。殆遍於中外矣。高宗之後。武韋亂政。國事殆不可問。至玄宗而中興。玄宗開元數十年間。亦唐室極盛之時也。究其致此之由。則玄宗之勵精圖治。

與姚崇宋璟之悉心輔導有以致之也。

（一）玄宗之勵精圖治　帝卽位之後。勵精圖治。其所行善政。不勝枚舉。如出宮人。黜酷吏。汰僧尼。敦骨肉。銷金銀玩器。以供軍國之用。焚珠玉錦繡於殿前。設侍讀官。創麗正書院。幸孔子宅。修常平倉法。起病坊。其時政簡刑清。百姓殷富。故唐代之治。前稱貞觀。後稱開元。

（二）姚崇宋璟之悉心輔導　崇之爲相也。持大體而不苛細務。尤長於史事。政先有司。處決略無淹滯。罷冗員。修制度。官人授職。各當其才。三爲宰相。常兼兵部。屯戍斥堠。士馬儲胥之數。無不諳記。由是天子責成於下。而權歸於上矣。璟爲人耿介有大節。風度凝遠。人莫測其涯際。其爲相也。務清政刑。隨才受任。使百官各稱其職。刑賞無私。犯顏正諫。而不爲赫赫之功。史稱崇善應變。以成天下之務。璟善守經。以持天下之正。道不同而同

歸於治此姚宋之相業所以繼房杜而並稱也

具此二因中興之治臻盛。卽國勢亦於此復振。自高宗晚年以來。唐內亂疊起。國威中替。大食吐蕃回紇諸國屢乘隙擾邊。至是威弧復張。聲教遠被。失地盡復。乃置十節度使。俾總軍旅。顓誅殺。以備邊。凡鎭兵四十九萬人。馬八萬餘匹。於是唐威復振於塞外。故以武功論。亦不讓太宗高宗之世也。

惜帝在位久。天寶而後。漸肆奢欲。耽宴樂。內則寵楊貴妃及高力士。外則以李林甫爲相。楊國忠判度支。國事置於不問。及安祿山用事。唐室遂一蹶而不可復振。故論玄宗之世。當分二期。開元以來。爲玄宗勵精圖治時代。天寶而後爲玄宗荒淫致亂時代。史稱其始終之異。由於習性相遠也。

觀有唐一代之治世。惟太宗可稱完善。高宗以後。國事日非。其尤足以阻害文化之發達者。實有四大勢力。

(一)女禍　武后驕縱於前。韋后荒淫於後。繼之以太平公主之謀叛。與楊貴妃張良娣之棼亂。唐之女禍。爲前代所無。漢之女后不能比也。

(二)藩鎮　自高宗以後。邊備廢弛。玄宗爲防邊計。於是置節度使於朔方、隴右、河西等處。以數州爲一鎮。故節度使統數州之刺使。盡爲其所屬。大者連州十餘。小者猶兼三四。且節度使多兼按察、按撫、度支使。以掌握土地財賦甲兵之權。自安史發難。方鎮之勢乃不可制。遂爲亡國之原因。肅代以後。兵驕則逐帥。帥强則叛上。或父死子握其兵而不肯代。或取舍由於士卒。天子顧力不能制。則忍恥含垢。因而撫之。謂之姑息之政。是以始則據土。繼則稱王。終以李希烈朱泚之稱帝。而爲禍烈矣。

(三)宦官　人主耽於逸樂。往往於遊宴談笑之間。移權於宦監之手。唐書稱玄宗時宦官。黄衣以上三千人。衣朱紫者千餘人。其稱旨者輒拜三品。

將軍列戟於門。其在殿供奉。委任華重。持節傳命。光焰赫赫。所至郡縣奔走獻遺。至以萬計。國家之縱任宦官若此。以故宦官盤據於內。往往變生肘腋。禍起宮禁。唐室宦官之禍。較甚於東漢。倍酷於朱明。所弑之君二。所立之君八。至其末季。不得已假外兵以誅之。迨禍患既去。而國祚亦移。此與東漢末召外兵以誅宦官。其覆轍正屬相同。

（四）朋黨　文宗之世。宰相論奏。誼爭不已。是非蠭起。帝不能決。嘗以廷臣有朋黨之爭。其原始於穆宗時。一爲牛僧儒李宗閔。一爲李德裕。各率其黨。互相排擠。以爭政權。時或借助宦官。使宦官收漁人之利。文宗至謂去河北賊易。去朝中朋黨難。可知其黨爭之盛。自文宗歷武宗至宣宗。垂四十年。黨禍始已。而唐亦垂亡矣。

凡若此者。皆所以破壞政治秩序。妨害社會安甯之要素也。政治既無秩序。社會既不安甯。文化難望其發達矣。然天寶以後。學術縱不逮貞觀。而猶彬彬儒雅。蓋太學植基之深也。使非有女后、藩鎮、宦官、朋黨諸違勢力以害之。其發達當未可限量。

中國學術之發達。漢以外當推唐世。且唐承兩晉南北朝衰替之後。起而振之。使各種學術面目一新。自宋元明清以迄近代。皆受其賜。其功亦大矣。

（一）文學　唐時選舉出於考試。考試皆重文學。故文學之士接踵而起。唐初文學沿魏晉南北朝之舊習。猶用駢儷。如楊炯、王勃、駱賓王、盧照鄰。皆工駢體文。稱爲四傑。論其復古之功。斷推獨孤元結及韓愈。愈從獨孤遊。其所爲文。雄厚雅健。遂起八代之衰。同時柳宗元以雋傑廉悍稱。足與韓抗。而學識根底究不如韓。蓋年事爲之也。張籍李翺皇甫湜爲韓門之高弟子。亦以能文稱。若陸贄奏議。凱切詳明。一掃浮靡之習。悍將驕卒。讀之泣下。又豈得以體同駢儷而少之。蓋李唐一代文風凡三變。太高之世華。玄宗之世雅。代德之世嚴。此所以愈變而愈趨於古者也。

唐時詩學尤著。有初、盛、中、晚之別。其中以盛唐爲最著。如沈佺期宋之問。皆以能律詩被知於上。然唐初風雅。始發萌芽。未爲鼎盛。至玄宗時。詩人若李白杜甫。均有獨到之詣。白詩高妙而飄逸。杜甫悲壯而沈鬱。同時若王維岑參韋應物等。亦各能詩。故唐之詩歌極盛。韓愈柳宗元亦能詩。愈詩奧衍。宗元詩溫雅。亦稱大家。同時有李賀者。詩思艱深。於詩學中別樹一幟。稍後有元稹白居易。其詩皆以平易著名。尋又有杜牧李商隱溫庭筠輩。詩名亦不下於元白。最後有韓偓者。其詩獨以香奩體得名。亦晚唐之特出者也。

要而言之。自唐以後。言文者以韓柳爲規。言詩者以李杜爲矩。而陸贄學問淵博。識見純正。諫議數十篇。譏切時弊。爲後世法。文章德業。洵唐室第一人也。

(一)哲學　唐代哲學與宗教有密切之關係。唐承六朝信佛之後。佛教流行全土。其始也勢力徵弱。其繼也與儒教頡頏。其終則名僧輩出。佛理精深。且能與儒教調和。由是佛教認儒教之原理。儒教許佛教之儀式。二者遂能一致混和矣。惟佛教表面上雖盛。實際上則甚微弱。蓋中國固有之人文。決不以此而破壞也。不過佛教一面圖發展。一面中國固有之人文。不能不爲所限制。論其勢力。僅而促宋代理學勃興之機運耳。

(二)史學　唐代史學。自太宗命房玄齡、褚遂良、許敬宗等撰晉書。(其中陸機與王羲之傳論則太宗自爲之)姚思廉、魏徵等撰梁陳書。李北藥撰北齊書。令狐德棻、岑文本、崔師仁、陳叔達等撰周書。正史皆奉詔勅編纂，而後正史始完備。至若隋書則顏師古孔穎達撰傳記。于志甯韋安仁李延壽令狐德棻撰諸志。可稱完善。當時私家撰述。與官脩之書並列者。李延壽以宋齊梁非與後魏齊陳諸史傷於繁蕪。乃撰南史與北史刪繁補缺。過本書遠甚。惜南史尚不如北史之詳密也。

當時編纂歷史者雖多。而能具史家之識見。其書亦無可訾議者。則以劉知幾所著之史通為首。又唐世歷朝有實錄。以韓愈所著之順宗實錄為首。其所駁斥雖馬班亦無以自解。故自唐以來。脩史者皆奉此為龜鑑焉。又如吳兢之貞觀政要。裴廷佑之東觀奏記。亦為史家集錄之書。堪備正史之闕略。惟其間能使數千年來之典章文物制度沿革興亡得失。有所稽考。不致遺忘者。則有杜佑之通典。為空前絕後之作。宜宋鄭樵之通志。馬端臨之通攷。皆以是書為藍本也。

(四)經學　唐初右文興學。命讎正五經訛闕。頒行海內。惟當時學者頗有異同。王肅之學行於江南。鄭玄之學盛於河北。唐太宗時。命孔穎達等折衷南北兩派。撰五經正義。易經取王弼註。書取孔安國傳。詩禮皆取鄭玄箋註。左傳取杜預註。周禮儀禮取賈公彥疏。公羊傳取徐彥疏。穀梁傳取楊勛疏。由是諸家經學得所折衷。士宗一義。惟其如此。故唐世說經者。總不出正義範圍。而經學之進步亦少。惟李鼎祚著周易集解。啖助陸淳著春秋集傳纂例及辨疑等。為能自樹一幟者。

按唐世文學儒學史學經學之所以盛者。固由太學植基之深。亦由搜輯圖書之效也。書籍至唐始分四類。曰經。曰史。曰子。曰集。以甲乙丙丁為次。貞觀初。魏徵虞世南顏師古相繼為祕書監。請天下遺書。選工書者繕寫。玄宗置麗正書院。(書院始此)選學士修圖書。出安洛陽兩都各聚書四部。其本有正有副。軸帶帙籤皆異色以別之。開元著錄凡八萬二千三百八十四卷。藏書可謂盛矣。安祿之亂。尺簡不存。元載為相。令苗發等括訪江淮圖書。文宗時詔總闕遺地搜採。四庫復完。黃巢之亂。圖書又亡。昭宗命韋昌範等諸道求購。圖書復聚。夫學術之興衰。與圖書之完缺相表裏。由唐代觀之。搜輯圖書之有進步。即研究學術之有進步也。且當時或譯入。或傳寫。其裨益於後代學者良不少也。

(五)天算　唐時天算大家。前有李淳風。後有僧一行。淳風造麟德歷。著法象書七篇。及諸算經。又製渾天儀。頗稱精妙。一行推算周易大衍之數。撰開元大衍歷。及算經。皆馳譽於世。玄宗時有九執歷。出於西域。與今歐西之法相同。詔太史監瞿曇悉達譯之。其算皆以字書。不用籌策。即近日之筆算也。

(六)書法　唐時重考試。故工書之人甚多。若虞世南、褚遂良、歐陽詢、張旭、顏眞卿、柳公權等。其尤著者也。虞世南有秀逸趣。褚遂良有蕭散風。歐陽詢妍緊。尤善小楷。張旭意態縱橫。最善草書。而其喜怒哀樂皆於書中顯之顏眞卿道勁秀拔頗似其人。柳公權出自顏氏。然亦別出新意。自成一家。

（七）繪畫　唐世善畫者甚多。概分南北兩派。李思訓好畫金筆山水。筆格道勁。時人因其爲左武衛大將軍。故稱爲李將軍。是爲北派之祖。思訓子道昭亦以山水名。時人目爲小李將軍。有吳道玄者。曾於大同寫殿嘉陵江。一日而畢。時思訓亦奉命寫嘉陵江。經數月始畢。玄宗見而歎曰。思訓數月之功。道子一日之跡。皆極其妙。同時有王維者。亦工於畫。嘗畫破墨山水。雲峯山色。意態逼眞。是爲南派之祖。

（八）音樂　唐初開國。無暇及於音樂。故猶仍隋之舊。後海內既平。乃命太常寺少卿祖孝孫正雅樂。因齊周舊樂。施沙胡之伎。因陳梁舊樂。雜吳楚之音。乃斟酌南北。參考古音。作大唐雅樂。凡十二和樂。四十八曲。又作七德九功兩舞。樂器有鐘磬柷敔晉鼓節鼓琴瑟箏筑竽笙簫篪塤鐃鐸之類。玄宗時又作龍池聖壽等樂。分樂部爲坐部立部兩伎。並置左右春坊教授俗樂。當時教坊有生員二千人。太常樂工至萬餘戶。厥後迭經喪亂。音樂雖盛衰無常。然至宣宗時。太常樂工猶有五千餘人。俗樂一千五百餘人。

(九)醫學　唐時醫學家最著者。有孫思邈。所著千金方翼一書。發前言。啓後學。有功於醫道甚深。世傳以爲仙。故又稱孫眞人。同時有王燾者。著外台紀要。所言方證符禁甚詳。又有甄權者。作脈經鍼方明堂人形圖。皆有功於醫道。時多宗之。陸贄罷職貶忠州。別類集古方書五十篇。後世重之。

唐代學術固極發達。即宗教思想。亦較前代爲複雜。蓋隋唐以來。交通既廣。故外教之輸入中國者。亦視前代爲多。如回景祆摩尼等教。皆於此時輸入中國者也。今並述於左。

(一)回教　回教創於阿刺伯。始祖爲摩罕墨德。Mohamed 本名依斯蘭教。Islam 中國人以回紇人信奉此教。因稱之曰回回教。其教崇拜上帝。焚香禮拜誦經。禁食豕肉。以嚴肅清貞爲宗旨。其教主稱克利甫。Khalifa 隋大業中。教徒來中國。建懷聖寺於番州。(廣州)是爲回教東來之始。高宗時阿斯曼 Osman 始遣使通好於唐。後來者益多。其教盛行於中國。

(二)景教　爲耶蘇教之一派。波斯人最信之。故其教頗流行於中亞細亞。南北朝之末流入中國。唐太宗時。波斯人齎其經典來長安。太宗遣房玄齡迎之。留之禁中。使翻譯經典。且命有司於兩京諸州作波斯寺。度景僧二十一人。高宗更於諸州置寺院。其教由是漸行。所謂景教者。取教旨光輝發揚之義。立宗亦頗獎勵之。至天寶四年。改波斯寺爲大秦寺。蓋以當時波斯已爲摩罕墨德教國。而景教之源發於大秦（卽羅馬）故也。肅宗更廣建寺院。代宗亦崇奉其教。郭子儀爲之修景寺。至德宗時。長安大秦寺僧景淨謀立景教流行碑。後沒於土中。至明末碑始出土。得知當時景教流行之狀焉。

（三）祆教　夙爲波斯國教。其教以爲有陰陽二神。以陽神淸靜。爲至善之本。陰神汚穢。爲至惡之本。勸人宜就陽神避陰神。而以火表陽神。崇拜之。故又曰拜火教。所以名祆教者。以其又拜天日也。大食國興。其教徒輒被苛罰。故多移住東方。於是其教乃流行於葱嶺以東。而入中國。唐高祖武德四年。置祆祠。立祆正等職。可知其教之盛行矣。

（四）摩尼教　其源本於火教。參酌佛教耶蘇教等。別成一派。唐初似已由波斯傳入。回紇人夙奉是敎。中葉以後。常借回紇兵以平亂。故回紇人多移居內地。德宗貞元時。以久旱曾令祈雨。憲宗元和初。詔從其請。於河南太原府置摩尼寺。與大秦寺祆寺並稱三夷寺云。

此等敎雖漸流行中國。然勢力尚未發展。在唐代思想界。感化力最强者。厥爲佛敎及道敎。並述於左。

(一)佛敎　佛敎自漢時入中國。歷魏晉南北朝。日見隆盛。至隋唐而勢力益增。惟唐初對於佛敎不加崇奉。並禁僧尼私度。自名僧玄奘出。於貞觀三年發中國。取道天山南路中亞細亞。以入印度。探聖迹。訪名師。入戒賢律師之門。精窮佛典。經十餘年歸國。當時齎還者。有經典六百五十餘部。太宗嘗留居禁中。命與其弟子道宣等。從事繙譯。前後共譯七十四部。千三百三十八卷。其數駕於鳩摩羅什之上。太宗親爲三藏聖敎序。高宗又爲撰述聖記。創大慈恩寺。命奘居之。玄奘因爲太宗及高宗所重。由是佛教勢漸盛。高宗咸亨二年。又有義淨三藏者。亦發中國。航南海入印度。二十五年始歸國。偕印度僧日照及菩提流志等來。最爲武后所信。造寺度僧。歲無虛日。因之耗費無限。至玄宗時。印度僧善無畏三藏、金剛智三藏、不空三藏相繼而來。是爲開元之三大士。又慧日三藏遊印度還。爲當時名人所重。若顏眞卿王維之徒。皆信奉之。故其勢益盛。方是時每三歲作僧尼籍。由祠部官給度牒。是爲官給度牒之始。至是日盛一日。惟至武宗時抑佛毀寺。遭一大劫。自古至今。凡排佛教者三次。首後魏太武帝。次北周武帝。次卽武宗也。故釋家謂之三武之禍。至宣宗時。復解其禁。然當唐末爭亂。信之者希。其勢漸不振。初僧徒由西方來。一意傳播釋迦遺響。無分宗派。厥後經年既久。分爲十三宗。而傳入中國。至唐時勢力極大者。其宗派有八。今述如左。

(1)律宗　一名南山宗。以印度曇無德爲始祖。曹魏時曇摩訶羅始傳入中國。佛住世時。以佛爲宗，佛滅度後。以戒爲師。戒有大小乘之別，大則七衆同道。小則專制出家。唐道宣律師盛宏此宗。

(2)三論宗　一名性空宗。中論、百論、十二門論。是爲三論。破外道小乘。以無所得而爲究竟，正合般若眞空之旨。故亦名爲性空宗。文殊師利實爲初祖。鳩摩羅什至秦盛宏此道。一時學者宗之，至唐之吉藏。專以此宗提振學徒。三論之旨，於斯爲盛。

(3)天台宗　一名法華宗。陳隋間智者大師居天台山。後人因以山名宗。以五時八教判釋東流一代聖教。罄無不盡。正宗法華。旁及餘經。建立三正三觀六卽十乘等法。爲後學津梁。

(4)賢首宗　一名華嚴宗。華嚴爲經中之王。有唐杜順和尙者。相傳爲文殊師利化身。依經立觀。是爲初祖。至法藏時。宗義愈顯。武后賜號賢首戒師。自後日益昌明。華嚴奧義。如日麗中天。有目共覩矣。

(5)慈恩宗　一名法相宗。以彌勒爲初祖。明諸法之體。故名。以惟識論爲據。唐太宗時。玄奘至印度。受之於戒賢律師。以授窺基。

(6)禪宗　一名心宗。達摩西來。不立文字。直指人心。見性成佛。歷代相傳。人皆稱爲禪宗。自釋迦如來付囑迦葉爲第一祖。二十八傳而至菩提達摩。爲東土初祖。

(7)密宗　一名眞言宗。唐玄宗時。印度僧善無畏金剛智不空相繼來。是爲開元之三大士。金剛智即此宗之始祖。而此宗之傳播中國。要以不空之力爲多。此宗以毗盧遮那成佛經金剛頂經等爲依。皈凡成聖。

其不思議力用。惟佛能知。非因位所能測度。至於祈雨治病等法。其小焉者耳。

(8)淨土宗　一名蓮宗。此宗所主者有三經一論。三經即無量壽經。觀無量壽經、阿彌陀經。一論卽淨土論是也。在印度以馬鳴龍世親爲祖。在中國則有隋大業間之道綽。唐貞觀間之善導。皆此宗大師。以得淨土爲主。故名。以念佛明心地。與他宗無異。以念佛生淨土。惟此宗獨別。

(二)道教　道教以老子爲宗。老子姓李。唐室亦姓李。唐帝因推崇老子。並尊道教。高宗上老子尊號曰太上玄元皇帝。詔王公以下皆習道德經。由是道教日盛。凡爲道士者多免賦役。中宗時命各州作觀一所。又以方士鄭普思爲祕書監。葉靜能爲國子祭酒。睿宗時以西城隆昌二公主爲士冠。自是皇女有入道者。玄宗令士民家藏道德經一卷。並設道舉。宰相李林甫等皆捨宅爲觀。以祝聖壽。帝悅。肅代德憲之際道教之盛稍遜於佛。然以其爲皇家正教。名位嘗在佛上。後武宗專信道教。斥佛之議行。而道教乃復盛焉。

唐代之國勢隆盛。故其學術。宗教。皆臻極盛。而人民之生活亦頗充裕。茲更一述其實業之概況。

(一)農業　自漢以後。雖勸勉之令時聞。而仁愛之政。邈乎不逮。企有唐開國。農業乃有可觀。

1勸農　高宗玄宗皆躬耕籍田。爲天下先。

2行班田制。　凡丁男年十八以上者皆給百畝。無甚貧甚富之差。

3行租庸調法。　人民之擔負平均。

歷代留心民事。故農業漸盛。太宗時斗米價只四五錢。民物蕃息。行千里之遠者。可不齎糧。

（二）工業　唐代工業亦有進步。其可見者如左。

1 建築　高祖時之披香殿、玄宗時之華清宮。皆極壯麗。又唐代奢尙道教。西京之太清宮。東京之太徽宮。諸郡建紫極宮。爲前代所罕覩。

2 製造　陶工中以昌南窰越州窰爲著。木工中之新發明者。有逍遙座、折背樣、百寶圓案等。染色之最佳者爲雜花夾纈。纈工之最佳者爲神絲被。機械亦多發明。如內庫所藏之十二時盤。以及楊思齊所作之傀儡殿文亮所作之木妓。楊務廉所作之木僧。皆極奇巧。軍器之製造。皆由官造標準。先題工人之姓名。然後始許販賣。亦制禮防變之意也。

（三）商業　唐之版圖既擴於四方。蕃客之往來亦衆。則交易自隨之而增。故國外貿易較盛。於邊境設互市監。以司理國外貿易。可知其外商之多矣。國內貿易則不然。因唐代賤商故也。然利民之政。亦未嘗無之。如都會設市。有上中下三等。以辨別貨物之眞僞而平均物價之重輕。蓋無損於商。有利於民。故商民稱便也。

至於唐之民風。則猶有南北之遺俗。今綜其大概述之。

（一）徵之婚姻之制　自晉以後。社會婚姻爭尙門第。太宗詔謂新官豐富之家。競慕氏族。結爲婚姻。多納貨賄。有如販鬻。或貶其家門。受屈於姻婭。或矜其舊俗。行無禮於舅姑。此則唐初仍尙氏族之證也。

（二）徵之奴婢之制　唐時區平民爲兩級。其良者曰農工商。其賤者曰雜戶、番戶、奴婢。代宗時有罷斥邕府歲貢奴婢之詔。嶺南一隅。又有以人質錢。過期不贖。沒爲奴婢之俗。蓋其階級之制。浸淫已久。故矜尙門閥。限壓良善。一似行乎其不得不行者。貴賤之別過嚴。有害於社會之進化甚大也。

其他非南北朝之遺俗而自成風氣。則重科舉乏節義是也。

(一)重科舉　科舉時代。以唐爲開始。當時天下人心所注射。不離乎科舉。而科舉又以文詞取士。故好尚文詞。開元以後。士無賢不肖恥不以文章達。可以知士習之浮矣。

(二)乏節義　以投牒自進之故。多不尚氣節。益以女主、權相、藩鎭、宦官迭執大柄。士更以依附爲榮。不羞自薦。廉恥道喪。實基於此。以故安史之亂。親貴皆甘心從賊。求如顏常山、盧中丞、張睢陽輩。不可一二數也。

民國十三年一月初版
民國二十年十一月十一版
印數二〇〇〇一——二一〇〇〇
每部實價大洋八角

大新書局印行

上海
大新書局印行

顧康伯編

中國文化史

上海泰東圖書局印行

高中師範教本

中國文化史

編者

顧康伯

校訂者

任誠　王朝陽　劉海粲　徐嘉杜　葉惟善　陳掄　呂濬　江恆源

下冊

泰東圖書局發行

民國十三年二月初版
民國二十年十一月十一版
印數二〇〇〇一——二一〇〇〇
每部實價大洋八角

上海泰東圖書局發行

中國文化史 下

第八章 社會黑闇時期

五代之時。中原板蕩。禮教淪亡。羣雄紛紛割據。各以劫奪神器爲心。無復有計及民生者。文化更不堪問矣。是時黃河南北。殆爲沙陀契丹之戰爭場。至石晉割棄燕雲十六州以賂遼人。於是燕薊之地。遂爲遼族之窟宅。而十六州之華胄。亦隨之流入異族。不復見漢威儀者垂數百年。斯文殆掃地矣。蓋唐室既滅。天下土崩。先後佔中原者。惟梁唐晉漢周。史家稱之爲五代。是時生靈塗炭。中原糜爛。比之戰國、三國、以及五胡亂華、南北朝分裂時代。有過之無不及。實中國社會之黑闇時代也。歐陽永叔以是爲天下閉賢人隱之時代。不其然乎。茲更就其文化不能振興之原因而略述之。

(一)國祚極促　自古亂亡之速。無如此時五代。實不足以稱代。五十六年之間。更易五代八姓十三君。享國久者不過十餘年。甚者三四年而亡。兵戈之禍。無歲無之。其紛擾可知。史家不過以五代迭據中原。正統所在。幅員稍廣。故以代稱之。實則季世也。

(二)武人政治　自唐中葉而後。迄於五代。純爲武人政治。若梁之太祖。唐之莊宗。既以藩鎭登大位。嗣是若唐明宗。若唐廢帝。若周太祖。若宋太祖。無一不起自藩鎭。其欲圖僭竊而未果者。尚不在此數。他若岐燕以及割據之十二國。亦均由藩鎭而分離獨立。且其時據土宇稱尊號者。不起於盜賊。卽起於胡族。本不知禮教。武人之縱橫如此。欲其文化發達也難矣。

(三)國土分裂　自唐亡後。羣雄割據。稱帝稱王者凡十二國。(史家稱十國者。燕岐不在其列也)五代建都。惟在汴京洛陽間。範圍頗爲狹隘。梁祇有汴京之地。晉漢則爲契丹所乘。故五代以梁晉爲最小。唐滅燕梁。幷岐蜀。故五代以後唐爲最大。周則恢復河北。幷取江北。小於後唐而大於晉漢。要之五代之疆域。實爲藩鎭割據之變相。固非大一統之規模也。

因以上種種原因。五十餘年間。兵亂相繼。中外相蹂。學術爲之消歇。其稍堪稱述者。獨唐明宗周世宗兩世而已。

後唐明宗。卽位時。年逾六十。用安重海爲政。頗能爲治。盡改莊宗之所爲。平生不好聲色。不事遊畋。常爇香宮中。祝天早生聖人。以安天下。故明宗在位。年穀屢豐。兵革罕用。海內粗安。較於五季。矗爲小康。五季之君。若嗣源者。可稱賢主。然比之周世宗則稍遜焉。

周世宗在藩。多務韜略。及卽位。破高平。人服其英武。御軍號令嚴明。人莫敢犯。攻城對敵。矢石落其左右。略不動容。應機決策。出人意表。故能伐契丹。取瀛莫易三州。瓦橋關以南地悉入周。其武功固稱五季第一。其文治之美。不特五季所無。亦漢唐所僅見也。茲舉要如次。

(十)尚儒術　世宗即位之明年。廢天下佛寺三千三百六十六。延儒學文章之士。專講儒學。

(二)定制度　改制度。修禮定樂。議刑法。其制作皆可施於後世。

(三)制貨幣　詔悉毀天下銅佛鑄錢。

(四)行均田法　世宗欲紹後魏均田之制。見唐元稹均田圖。即以頒發。使吏民習知。旋復檢定民租。以紓民困。

故論世宗之才。酷類唐文皇。其過宋太祖遠甚。使天假之年。安知其不成一統之業哉。世宗時人才寥落。而碩果僅存者。則王朴。世宗平淮右。全用王朴平邊策。朴之學術。非齎齎小儒所可擬。且朴於陰陽律曆之學。無所不通。嘗推步爲欽天曆。又考正雅樂十二律。互吹難得其眞。乃依京房爲律準。以九尺之絃設十三柱。依長短之分寸。七聲用均。樂成而和。後世遵之。蓋通五季而獨步焉。五季。篡竊相尋。更迭頻仍。其制度之紛更。更不堪問。蓋中國制度至唐而底於完善。及五季乃又日趨於衰。其制度雖亦有依仿唐制者。而其實際相專甚遠也。茲舉其弊政之大者如左。

（一）稅制。　梁唐晉各有輕重。尤以後漢隱帝時王章所創之省耗省陌。尤爲病民之政。因舊制田稅每斛輸二斗。謂之雀鼠耗。乃令更輸二斗。謂之省耗。舊錢出入皆以八十爲陌。乃令入者八十。出者七十七。謂之省陌。其聚斂甚矣。

（二）兵制。　其特殊者如梁置六軍。晉置天威軍。周募壯士充殿前護衞。惟晉之天威軍。皆以鄉民充之。教練年餘。竟不可用。遂罷而無賴之徒不肯復事農業。遂多聚山林而爲盜賊。

(三)刑制 五季亂世。刑制均極嚴酷。漢與周爲尤甚。本無刑章。動以族誅爲事。當時有腰斬、斷舌、决口、斮筋、折足之刑。不問罪之輕重。理之是非。但云有犯。卽處極刑。非法之刑於茲極矣。

(四)學制選舉 五季之學制。概重斂錢。入學時須納束修錢。猶今學校中之學費。尙不背於理。至及第後收光學錢。則主持教育者近於嗜利無恥。生徒品格之苟賤。未始非在上者表率不善有以致之也。至於選舉名分三禮、三傳、學究、明經等科。而無學者多營謀入選。其應選之人才可想。吾國選舉。惟西漢賢方方正等科。尙稱得人。東漢而降。選舉已失之濫。至五代而其弊極矣。

按五季學者。唐明宗時推康澄。周世宗時推王朴。餘無足傳。何人才之寥落哉。大抵剝復相乘。自然之理。有五季人才之衰。即有宋代學術之盛。花萎於冬而發於春。謂宋代為五代後之青春可也。

當五代文化中衰之世。而發明一種傳播文明之利器。使後人食其賜者。則印刷是也。我國古書皆寫本。無摹印法。有之自馮道發明始。後唐明宗長興三年。宰相馮道請令判國子監田敏校正九經。刻板印賣。而監本自此始。歷朝皆仿其故事。自印刷業興而文化大進。其功效有二。(1)、免鈔錄之辛勤。(2)、廣文字之流布。當時印刷業雖不若今日之盛。祇能傳播國內之書籍。未能吸收西洋之文化。然當文字鈔錄時代。而忽有刻本以代寫本。則一般學子所極歡迎也。

五季之學術既不振。五季之士氣尤委靡。是時廉恥道喪。古所未有。縉紳之士。視易代如弈碁。不知有愛國心。安其祿而立其朝。充然無復有廉恥之色者。至於馮道歷事五姓、共十一君。不以亡國為辱。而惟知保全祿位。實可謂非人類矣。推其所以致此之故。良由唐末以來。干戈飢饉。橫行酷斂。民不聊生。而武夫悍卒暴其武力。嗜殺爲雄。於是人人以苟得爲榮。苟免爲倖。蓋不獨科舉一端之足以貶人氣節、奪人廉恥已也。不有宋儒起而振之。其能免於人類之滅絕者幾希。雖然。如梁王彥章唐裴約吳劉仁贍。抑何矯矯也。而鄭遨張薦明之超然物外。石昂之不屈於勢利。李自倫之六世同居。其高義亦未可幾及。於昏濁之世。得此數人焉以維持風氣。而世道人心賴以不墜。不可謂非中流之砥柱也。

五季之民風澆薄。大抵由於兵連禍結。惟以偷生苟得爲榮。則其時生計之窘困可知矣。茲就其生業之狀況約略言之。

五季兵無甯日。民不安業。工商概無足觀。至農業爲吾國立國之本。其時亦敗壞不堪。當兵連禍結時。民之流離失所者、已不堪設想。而一切軍費又皆取償於民。於是田賦驟增。而兩浙之農病。牛亦輸租。而湘湖之農病。耕器有稅。而河北之農病。夫農所恃爲養生之具者。而橫征暴斂如此。尙望其無惰農哉。

第九章　政治思想與哲學思想之發達

宋太祖之有天下。實爲前古未有之創局。蓋昔之有天下者。或起自諸侯。或起自藩鎭。或以征誅。或以篡弒。大抵積威固勢。深謀遠慮者有年。殆時機旣至。乃能憑其威勢。一舉而成之。惟宋則不然。以區區一殿前都檢點。一旦得將士之擁立。黃袍加身。奪國於孤兒寡婦之手。其得之也易。則惟恐失之。慮功臣宿將握兵柄者。將效其所爲也。故防之惟恐其不至。觀其所行政策。可知其防範之周。而一代之文化。卽由此以徵其盛衰。關係固甚大也。

唐末以來。節度使各於藩鎭。有民治、財政、兵馬之大權。五代時。天子多係其部下兵士所擁立。因而威嚴不重。節度使益輕朝廷。即租稅亦靳不上輸。節度使之勢力更賴其部下兵士。故兵士尤跋扈。於是太祖欲一掃宿弊。用宰相趙普謀。採用左列諸策。

（一）削兵權　太祖故人有功者多典禁兵。趙普數以爲言。一日因飲酒酣。從容婉諭之。明日諸將稱疾。乞罷典兵。

（二）用文臣　五代諸侯每以强盛。朝廷不能制。宋初異姓王及使相猶數十。太祖用趙普謀。漸削其權。或因其卒。或因遷徙致仕。或因遙領。皆以文臣代之。至太宗以後。節度使遂爲優禮親王及將相大臣之虛榮。而毫無職權矣。

（三）收政權　節度使向所轄之州郡。令直隸朝廷。得自奏事。不屬諸藩。朝廷於諸州置通判。凡民政之事、皆統治之。得專達、與長吏均禮。大州或置二員。自是武臣漸失行政之權。

(四)理財政　唐天寶以來。藩鎮屯重兵。租稅所入。皆以自贍。名曰留使留州。其上供者甚少。五代藩鎮益强。率令部曲主場務。厚斂以入己。而輸貢有數。太祖知其弊。命諸州都支經費外。凡金帛悉送汴都。無得占留。每置缺。卽令文臣代主所在場務。凡一路之財。設轉運使以掌之。自是武臣失財政之權。

(五)重禁兵　立禁旅更代之制。選諸道兵以入衞。使往來道路。習勤苦。均勞逸。將不得專兵。兵不至驕惰。自是兵士暴橫之弊亦除。

(六)正刑法　太祖懲五代藩鎮跋扈。枉法殺人。朝廷置不問。令自今諸州決大辟。錄案聞奏。付刑部詳復之。不得專決。由是武臣失司法之權。

綜觀以上政策。一言以備之曰重文輕武而已。觀太祖卽位後。卽令武臣讀書。

於是臣庶始貴文學。又增修國子監學舍。又屢幸國子監講學。用和峴所定雅樂。行劉溫叟所上通禮。制度典章。彬彬有條理。一代之文物。由此興焉。述其制度如左。

(一)官制　宋世以同平章事爲眞宰相之任。參知政事則副宰相。樞密使則握兵柄。三者皆有宰相之實權。三省長官尙書門下並列於外。別置中書於禁中。是爲政事堂。與樞密對掌大政。若夫財政則隸鹽鐵度支戶部三司。

(二)稅制　其類有五。曰公田之賦。田地屬於官。由官招民耕種而收其賦。曰民田之賦。民間私有之田、所納之賦也。曰城郭之賦。如宅稅、地稅之類是也。曰丁口之賦。按人丁口數而收稅也。曰雜變之賦。如牛革蠶鹽之類是也。

(三)兵制。其類有四。曰禁兵。天子之衞兵也。曰廂兵。諸州之鎭兵也。曰鄉兵。各地之團防也。曰藩兵。塞下內屬部落之守兵也。

(四)刑制。因唐律令格式。分笞杖徒流死五等。而隨時損益。大概如左。

笞刑五等 笞十(臀杖七) 同二十(同七) 同三十(同八) 同四十(同八) 同五十(同十)

杖刑五等 杖六十(臀杖十三) 同七十(同十五) 同八十(同七十) 同九十(同十八) 同一百(同二十)

徒刑五等 徒一年(脊杖十三) 同一年半(同十五) 同二年(同十七) 同二年半(同十八) 同三年(同二十)

流刑三等 流二千里(脊杖十八配役一年) 同二千五百里(脊杖二十配役一年) 同三千里(脊杖二十配役三年)

死刑二等 絞 斬

(五)學制。宋代學校名目繁多。有國子學、太學、四門學。亦猶前代。此外有專門學校。如武學、律學、書畫學、醫學之類是也。

(六)選舉　宋初有進士、九經、五經、開元禮、三史、三禮、三傳、學究、明經、明法等科。皆秋取冬解。禮部春考試。合格及第者列名放榜於尚書省。凡長於何種科目。即應何種科目之考試。其立法固未可厚非也。

太祖崩後。太宗能繼其美。其治績亦有可觀。然稱宋治者概以眞仁兩朝爲極盛。若以仁宗與眞宗較。則有宋一代賢君。當以仁宗稱首。仁宗銳意圖治。以范仲淹參知政事。富弼爲樞密使。二人日夜謀興致太平之道。故其時善政頗多。使文化有促進之機。略舉如左。

(一)立按察法　於內外朝官中、選强幹廉明者爲之。使至州縣徧見官吏。其功廉無狀。皆以朱書於名之下。其中材之人。以墨書之。歲具以聞。以定黜陟。

(二)定磨勘法　宋制、文臣五年。武臣七年。無贓私罪。始得遷秩。曾犯贓罪。

則文臣七年。武臣十年。中書樞密取旨。其七階選人。以考第。資歷無過犯或有勞績者遞遷。謂之循資。至是定磨勘之法。自朝官至郎中少卿。須清望官五人保任始得遷。其法始密於舊矣。

（三）興學校　慶歷中詔賜緡錢及田租屋課之類。以爲各州興學之費。皇祐之末。又以胡瑗爲國子監講師。專管太學。其熱心敎育可知。

（四）行科舉新法　士須在學三百日。乃聽預秋試。舊嘗充試者百日而止。試於州者令相保任。有匿服、犯刑、虧行、冒名等禁。三場先策、次論、次詩賦。通考爲去取。而罷帖經墨義等。蓋欲使士子敦言行。通時務。明大義。而示以聲韻記誦爲工也。

觀仁宗朝所行政事。無一不可爲後世法。綜其意。專在修吏治培人才也。吏治既修。禮敎不得不興。人才既培。學術不得不昌。故仁宗之世。謂爲有宋郅治之世可。謂爲有宋文化最盛之時亦無不可。

雖然宋自太祖開國歷太宗眞宗以至仁宗。外交上不免有示弱之處。太宗敗於遼。眞宗復敗於遼。仁宗亦敗於西夏。雪茲屈辱。實當時一大急務。然欲禦外侮。非充國力不可。欲充國力。非有所改革不可。當此貧弱交現、急需改革之時代。乃有抱負遠大如秦孝公其人者出。卽神宗是也。神宗卽位之初。年少氣銳。天資英邁。慨然有富國强兵、復幽燕、平靈夏之志。特以國之大政。曰兵。曰財。曰教育。非兵不足以致强。非財不作以至富。非教育不足以圖富强。而是三者皆有不得不改革之勢。

(一)**兵制不可不改**　宋鑒五代藩鎭之跋扈。與兵士之驕橫。乃去藩鎭而立更戍法。計誠得矣。其弊也非從更調旁午。蝕財病民而已。且以將不知兵。兵不知將之故。則有兵等於無兵。況宋之爲制。沿朱梁盜賊之陋習。黥其面、使不齒於齊民。鄉黨自好者咸以爲恥。於是募兵之法盛行。大率以獷悍無賴之民充之。而兵乃不可用。

(二)財政不可不改　宋以聚兵京師之故。擧天下山澤之利。悉入天庾以供稟賜而外州無留財。開國之初用兵僅二十萬。其他冗費亦不甚多。故府庫恆有羨餘。其後兵數日增。至仁宗時增至一百二十五萬九千。國用以兵費爲大宗。加以數十年來。以歲幣輸遼及西夏。且沿國初定制。優待功臣幷其子孫族衆。濫授官爵。財政因之匱乏。

(三)教育不可不改　科擧與學校並行。學校必不能發達。其勢然也。宋時學校一時未能普及。故科擧仍不廢。然重尙文詞。不求實學。且場屋中名有挾書之禁。實無搜索之條。故眞才無由出。加以詩賦之弊。崇尙浮華。帖經之弊。亦偏於記誦。洵非作育人材之道也。

神宗目擊時弊。計非改革不可。而環顧廷臣。皆墨守成法。蹈常襲故。無足以有爲者。於是吾國有如商鞅之大政治家王安石其人者。乃乘時而起。安石議論高奇。能以辨博濟其說。果於自用。慨然有矯世厲俗之志。誠不愧爲宋代政治改革家之魁首。於仁宗時知鄞縣。又爲三司度支判官。曾上萬言書以論治道。後因母喪去職。帝卽位。用爲翰林學士。明年參知政事。帝問設施以何爲先。安石曰變風俗。立法度。爲當今急務。遂議行新法。安石以爲欲振中國之積弱。不可不從事於强兵。然非國用充足。則雖欲整軍經武而無其具。故下手之方。先總天下之財賦。而盡地力。通商賈、以開其源。抑豪强之兼并。而均貧富、以濬其流。於是舉理財、治軍、河渠、科舉、學校、官制等。一切以新法更張之。茲列舉其所行新政如左。

（甲）　民政及財政

（一）制置三司條例司　總掌鹽鐵、度支、戶部。此安石所創立之財政機關也。安石之意在制兼并。濟貧乏。變通天下之財以富其民而致天下於治。制置三司條例之職在此。而後此所立之法。亦無不本此意以行。

（二）青苗法。　其法自插苗之期。朝廷以資貸民。至秋熟償金。而加息金十之二、以還朝廷。性質與田業銀行相似。蓋農民每於青黃不給時。往往貸於豪族。豪族乃苛其債息。而農民苦矣。苟得國家以調劑之。則豪族無所用其兼并。農民享其便。誠惠政也。

（三）均輸法。　以上供之物。令發運使得徙貴就賤。因近易遠。預知在京倉庫所當辦者。得以便宜蓄買而制其有無。此法所以通天下之貨。制爲輕重斂散之術。使輸者既便。而有無得以懋遷。亦一惠民之政也。

（四）市易法　以內藏庫錢帛置市易務於京師。凡貨之可市、及滯於民而不售者。平其價市之。願易官物者聽。如市於官者以財賦爲抵。責期使償息以漸增重。外加罰錢。實一種專賣法也。其用意有二。一則專注重於經濟學上所謂分配之一方面。用以制抑豪富保護貧民。一則更注重於經濟學上所謂生產之一方面。使金融機關得以流通而母財之用愈廣。其法與漢之平準法略同。

（五）募役法　變當時最病民之差役制以爲募役制。而令民分等納免役錢。而免其勞役。朝廷別募無職之民以充其役。實近於一種人身稅。而其辦法又極類於所得稅。安石救時惠民之第一良政也。

（六）農田水利　分遣諸路常平官使專領農田水利。吏民能知土地種植之法、陂塘圩埒堤堰溝洫之利害者。皆得自言。行之有效。隨功利大小酬賞。其後在位之日。始終汲汲盡瘁於此業。史稱自熙甯三年至九年。府界及諸路所興修水利田。凡一萬七百九十三處。爲田三十六萬一千一百七十八頃云。

(七)**方田均稅法** 東西南北各一千步爲一方。檢其地之肥瘠分爲五等以定稅則。此當時調查土地整頓賦稅之一政策也。

(八)**漕運** 累朝建都北部。仰食東南。故漕運實爲國家一大政。北宋時尤甚。前此漕運吏卒上下。共爲侵盜貿易。甚則託風水沈沒以滅跡。官物陷折。歲不減二十萬斛。熙甯二年荆公薦薛向爲江淮等路發運使。始募客舟與官舟分運。互相檢察。舊弊乃去。歲漕常數既足。募商舟至京師者。又二十六萬餘石而未已云。

(乙) 軍政

(一)**省兵** 宋以養兵敝國。擁百餘萬之兵。所費居歲入三之二。而不能以一戰。稍有識者無不憂之。安石決行省兵策。自熙甯至元豐。歲有歲併甚衆。而增置武衞軍。嚴其訓練之法。不數年皆爲精兵云。

(二)**置將** 安石之省兵。非退嬰政策而進取政策也。宋之兵所以雖多而不可用者。在將不知兵兵不知將。安石執政。始部分諸路將兵。總隸禁旅。使兵知其將。將練其士。平居知有訓厲、而無番戍之勞。有事而後遣焉。此實宋兵制一大改革也。

(三)**保甲** 採民兵制度之旨。十家爲保。五百家爲都保。都保置正副二人。使其部下保丁貯弓箭習武藝。其性質有二。一則爲地方自治之警察。一則爲後備兵及國民兵也。

(四)**保馬** 官給民以馬。使代養之。且獎勵民自養之。俟有緩急時。則償其直而收其用也。馬爲戰陣一利器。治兵者不容忽之。故歷代皆以馬政爲國家大政之一。卽今世界各國亦然。宋代馬極缺乏。前此特置羣牧監。常以樞府大臣領之。以重其事。然官馬作弊甚多。靡費浩大。而不能收蕃息之效。至是乃有保馬良法。

(五)軍器監　器械不精。以卒予敵。軍器之重。自昔然矣。宋自仁宗狃於太平。軍器皆朽窳不可用。熙甯五年乃置軍器監。總內外軍器之政。置判一人同判一人。自此發明新式之軍器。不一而足。勸工之效亦可見矣。

(丙)　敎育及選舉

(一)敎育　敎育行政。安石平昔所最重也。其上仁宗書言之最切。及執政首注意於學校。熙甯元年增太學生員。四年行三舍法。初入學爲外舍。外舍升內舍。內舍升上舍。上舍員百。內舍二百。外舍不限員。其後內舍生增至三百人。外舍限二千人。至諸州府亦皆立學。而學官共五十三人。馬端臨謂是時大興學校。而教育只有此數者。蓋重師儒之官不肯輕授濫設故也。其所教者以經爲主。人專一經。至熙甯八年。以安石所著三經新義頒於學官焉。三經者周官及詩書也。其他有武學、律學、醫學。則分科大學之制。實濫於是。

(二)選舉 科學取士。非安石意也。嘗言今欲追復古制以革其弊。則患於無漸。宜先除去對偶聲病之文。使學者得意專意經義。以俟朝廷興建學校。講求三代所以教育選舉之法、施於天下。由此觀之則僅罷詩賦而試經義、不過荊公權宜之制。而非其心之所安也。熙甯二年議更貢舉法。乃罷詩賦、明經諸科。以經義論策試進士。

其時官制亦多改革。以宋世多冗官。如台省監寺等官。無定員。亦無定職。居其官者率不知其職。至是力矯其弊。立新官制。凡給領空名者。一切罷去。仿唐六典事無大小。中書取旨。門下審復。尙書施行。三省分班奏事。並歸中書。其意在刷新內治也。

以上所舉。皆犖犖大端。自餘小節。概不備述。總之安石之所改革。無不法良意美。如農田、水利、保甲。後世猶有踵而行之者。然在當時卒未盡實行。行之而天下舉以爲病者何哉。考其故有二。

一、由廷臣守舊　時天下承平。士大夫蹈常習故已久。驟聞非常舉措。則皆詫異驚疑。以爲變祖宗之法、而開言利之途。於是異議者紛然起矣。司馬光、蘇軾、韓琦、歐陽修、范純仁等。皆一時人望。獨於安石新法。反對不遺餘力。於是朝野上下皆和之。新法乃不克實行。

一、由用非其人　安石執拗性成。措施過急。不能與廷臣虛心商榷。而必欲立見施行。求諸同志而不得。則新進傾邪之士、迎其機而附和之。安石乃急不暇擇。引用章惇、呂惠卿諸人以圖快意。夫舉新政大謀、而付之章呂諸人。國事尚可問哉。

安石新法未能奏功。是固北宋不振之大原因也。而內有朋黨之紛爭。外有西夏遼金之入寇。使政治糾紛不定。干戈擾攘不息。尤爲衰亡之要素。而文運亦因以稍挫。其關係不在小也。試分述之。

（一）朋黨之紛爭。　政黨之發達。與政治之進化。互有關係。若宋之所謂黨爭。則不足以語是。其性質複雜而極不分明。無智愚賢不肖而悉自投於蜩螗沸羹之中。一言以蔽之曰。士大夫以意氣相競而已。朋黨之起。起於慶歷。成於熙甯。極盛於元祐。結果於崇甯。其始也爲范呂之爭。繼也爲新舊黨之爭。其後有洛蜀朔之爭。其末則邪正之紛爭。其間一起一仆。互爲消長。紛爭未已。而金人南下。宋室遂墟。

(二)西夏遼金之入寇　宋代最重要者種族之競爭。遼强於前。金興於後。西夏則先後其間。邊疆殆無甯歲。試分述其國情如左。

(1)西夏　西夏者黨項之後。唐時內附。世居夏州。都興慶。(甘肅甯夏)宋仁宗時。其主李元昊修明號令。以兵法勒諸部。置文武官。自制蕃書以教國人。有雄兵五十萬。擊回紇。盡取河西地。據有十八州。號大皇帝。是爲西夏最盛之時也。其後滅於蒙古。

(2)遼　遼本契丹。東胡之裔。鮮卑之別種也。南北朝時。居東蒙。自石敬瑭賂以燕雲十六州。於是富强。後晉卒爲所滅。及宋興。乃大舉入寇。宋之疆土日蹙矣。考其政治風俗大略如左。

1官制　因民族之風俗習慣各異。政治設施未可强同。乃以南院治漢人。北院治遼事。宰相樞密亦分南北。其實所治皆北院之事。官名概襲唐舊。

2 田制。分公田、閑田、私田。公田爲屯田。不輸租稅。閑田以與餘民應募者。十年始租。私田爲民間田。計畝出粟。以賦公上。沿邊諸州置和糴倉。許民假貸。

3 兵制。分宮帳軍、部族軍、京州軍、屬國軍。取通國皆兵之制。民在十五歲以上、五十以下。皆隸兵籍。此其所以强也。惟人馬不給糧草。遣騎四出抄掠。蓋蠻族之本性然也。

4 學制。學校極少。惟上京中京設國子監。南京設太學而已。亦行科舉法。以詩賦經義取士。

至其風俗。部族時代專事畜牧。狃習勞事。及得漢士。染習漢俗。而純樸之風漓矣。

（3）金。遼之東邊有女眞族。世屬於遼。及其酋長阿骨打立。興兵攻遼。大敗之。遂稱帝。以居愛新水上（北語金爲愛新）國號金。都會甯府。金乃強大。考其政治風俗如左。

1 官制。 初頗簡單。官長皆名貝勒。至熙宗仿宋官制。皆廢舊名。最高者曰尚書省。其下有院、台、府、司、寺、監、局、署、所等名。惟鎭撫邊民之官、尙沿遼舊。

2 田制。 分官田、私田。官田輸租。私田輸稅。稅分夏秋。租依田分爲九等。墓田、學田租稅皆免。

3 兵制。 取民兵主義。丁壯皆充役。平時佃獵。有事從征。後分上、中、下三等。宗室爲上。餘次之。兵柄皆女眞人掌之。其出士也。將士共飲。博採籌策。戰勝則論功行賞。故金初用兵。天下莫強。

4 學制。　概採宋制。惟京內外皆置女眞學。科舉之法。亦同於宋。惟策論進士多取其國人、而用女眞文字爲文也。

至其風俗初本樸素。自廢帝亮遷都於南。乃染華風。浮靡文弱。而國亦衰矣。

北宋除太祖之世。自太宗以及徽欽。外患幾無歲無之。割地輸幣。日不暇給。而卒不免於亡。中國歷代外患。未有若是之甚者也。南宋之要事。仍爲種族之競爭。金强於前。元興於後。宋之支持頗苦。高宗南渡。豈得謂爲中興。觀高宗卽位之後。由應天（河南商邱）而揚州。由揚州而鎭江。而臨安。（浙江杭州）而明州。（甯波）而溫州。轉徙無常。席不暇暖。車駕日南。寇氛日熾。後再入臨安。遂定偏安之局。使其假宗澤以兵柄。任李綱以相位。兩河中原之地。未始不可恢復也。且其時趙鼎、張浚、韓世忠、吳玠、吳璘等。賢相良將。輩出。人才不可謂不盛。而尤可貴者則絕世之英豪中國之大偉人岳飛是也。飛德備忠孝。才兼文武。通左氏春秋。孫吳兵法。力能挽弓三百斤。弩八石。善左右射。其用兵善以少擊衆。每出戰。敵人呼爲岳爺爺而不名。其聲威赫赫如此。使高宗有志恢復。假以全權。則掃蕩金虜。還定中原。指顧間事耳。孰意嬖倖秦檜力主和議。貶竄諸將。而精忠報國之岳飛。竟被搆殺。痛飲黃龍。終成虛語。十年之功。隳於一旦。豈不冤哉。豈不惜哉。

高宗迫於外患。內治不遑。復以科舉取士。罷三舍法。而實用之才不可復得。孝宗嗣位。爲南宋一代令主。聰明英毅。力圖恢復。嘗自習射於宮中以講武。任用張浚知樞密督江淮。圖河北。而卒無成功者。固由南朝武備之失修。亦緣金世宗在位。主賢國強。無隙可乘耳。請言金世宗。

自古以異族入主中原而號稱賢主者。前推北魏之孝文。後推金之世宗。惟孝文輯慕華風。國勢轉弱。世宗獨能於衣服語言文字之微。兢兢然不忘其故國。試知保存國粹者也。世宗在位五載。賢明仁恕。號稱北方小堯舜。以金自遷都後。國人漸忘女眞純實之風。而染漢人柔靡之俗。於是崇尙儉素。宮中之飾不用黃金。損宮人之歲費。誡宗室以儉約。不忘祖宗之艱難。嘗謂從官曰。女眞之風。最爲純直。汝等習學之。弗忘。禁國人譯爲漢姓。及學南方之衣飾。命學士以女眞文字譯經史。建立女眞大學。觀此可知世宗實行國粹主義。能以己國文明。吸收他國文明。而不爲他國所同化矣。其誥誡太子曰。汝惟不忘祖宗純厚之風。勤修道德。明賞罰。是何異於唐太宗之誥誡高宗哉。

是時南北皆有賢主。彼此媾和。罷兵不用者三十餘年。保境息民。未始非生靈之幸福也。且南方學術亦以此時爲最盛。朱熹、陸九淵同時倡性理之學。是又亂極則治之現象矣。

孝宗之後。歷光宗至甯宗。韓侂胄用事。而朝政復亂。目朱熹、趙汝愚等爲僞學。使優人峩冠闊袖象大儒戲於帝前。乘間言其迂闊不可用。後復置僞學籍。禁用其黨。當時以僞學得罪者凡五十九人。（宰臣趙汝愚等四人、待制以上則朱熹等十三人、餘官則劉光祖等三十一人、武臣則皇甫斌等三人、士人則楊宏中等八人、）詔諭天下謂宜改視囘聽。毋惑世亂俗。其黨高文虎筆也。自是君子道消。小人道長。而學術思想爲之挫折。侂胄蓋宋代文化之罪人也。

繼甯宗者爲理宗。南宋崇儒重道之君也。卽位後釋奠孔子。臨視太學。表章濂洛。加周敦頤、張載、程顥、程頤、朱熹等之封爵。並令從祀孔子廟廷。宋代儒學於是復振。惟任用史嵩之、丁大全、賈似道等亡國之臣。南宋之亡。理宗亦不得辭其咎也。且理宗雖崇儒術。而學風則大壞。其尙形式而不重精神之過歟。其時三學之橫。威權之盛。至與人主相抗衡。人畏之如虎狼。雖一時權相如史嵩之、丁大全亦末如之何。賈似道當國。度其不可以力勝。而惟以術籠絡。每重其恩。數增其餽給。增撥學田。種種加厚。於是諸生啖其利而畏其威。雖目擊似道之罪而噤不一語。及似道要君去國。則上書贊美。極意挽留。士習敗壞。於此爲盛。國運以亡。

理宗崩。度宗立。蒙古强於北方。宋不度德。不量力。約蒙古以攻金。金亡而宋亦隨之。恭帝被虜。端宗崩於嶺南。帝昺崖山之慘。尤前古所未聞。雖有張世傑、陸秀夫、文天祥諸節義之臣。而大勢已去。不可爲矣。

有宋一代。外族侵擾之時代也。國事顚危極矣。然論宋之學術思想則大發達。雖不能超勝漢唐。以視元明則遠過之。至其哲學發達。尤爲中國哲學史上放一異彩。是又漢唐所不及者。茲略述其梗概。而以遼金之學術附之。

(一)哲學　宋代學術之盛。以哲學爲著。蓋宋代詩文經史及其他學術亦頗有名。惟終不及哲學之盛。故宋代學術實以哲學爲主。其最大問題則爲性理。其學在宋史稱爲道學。後人以其所講皆性理之學。遂相沿而稱爲理學。一稱宋學。用以別於漢儒之所學也。性理之學自孔子首倡。七十子傳其道。孟子繼其後。秦漢以來。久已無聞。至宋而大放光明。太宗時已植其基。由北宋而南宋。相繼不墜。爲一代學術之精華。後之元明講理學者皆以是爲宗焉。考宋代理學所以特盛之原因。其故有三。

一自漢儒治經。皆注力於家法。訓詁考據方面。斷斷不倦。微言大義。略而弗詳。寖至支離穿鑿之弊。宋儒矯之。專求義理而務躬行。遂開理學一派。故當時學術專主性理。實不外家法訓詁考據之反動也。

二自唐末藩鎮跋扈。將卒驕橫。中原擾攘。禮法蕩然。宋太祖統一後。力矯其弊。偃武修文。專尚儒學。學風爲之一變。使孔孟之道統。得以繼承。蓋一髮千鈞之力也。

三自六朝以來。印度哲學輸入中國。歷隋唐五代至宋而益盛。宋人受佛學之餘波。程張諸儒往往先涉獵於此而後求諸聖經。專就孔孟之言、以貫串其理論。是宋理學之興。半受佛學之影響也。

宋代理學推濂洛關閩四派爲大宗。卽濂溪周敦頤、洛陽程顥程頤、及關中張載、閩中朱熹是也。而濂洛關閩之前有戚同文、孫復、胡瑗。實開宋代理學之端。其與敦頤齊名者有邵雍。與朱子同時者有陸九淵。亦皆以理學聞於時。茲分述如左。

（1）戚同文字正素。太宗時人也。講學於睢陽。生徒卽其所居爲肄業之地。（卽四大書院之應天府）延范仲淹爲大掌敎。仲淹嘗言曰士當先天下之憂而憂。後天下之樂而樂。學者多宗之。

(2)孫復平陽人。爲秀才時甚貧。謁范仲淹、得贈錢一千。因問何爲汲汲道路。孫戚然以母老家貧對。仲淹因爲補學職。授以春秋月得三千供養。孫篤學。仲淹甚愛之、明年俱解去。後孫講學於泰山下。以春秋教授。道德高邁。學者稱爲泰山先生。

(3)胡瑗泰州人。七歲善屬文。十三通五經。卽以聖賢自許。家貧與孫復同學。攻苦食淡。一坐十年不歸。嗣後教授湖州。立經義治事齋。太宗與太學詔取其法。尋召爲國子直講。學者爭歸之。至黌舍不能容。禮部所得士瑗弟子居四五。世稱安定先生。

(4)周•敦•頤•字叔茂。道州(屬湖南永州)營道人。就學於胡瑗。平生胸懷洒落。如光風霽月。後知南康。家廬山蓮花峯下。取營道所居濂溪以名之。學者稱濂溪先生。著太極圖說。明天理之根源。究萬物之終始。又著通書四十卷。以發明太極之蘊。言約而道大。文質而義精。究易理之奧妙。得孔孟之本源。大有功於學者。其學以無欲主靜爲人極。當時賢者如程顥程頤之徒。皆重其德而不貴其術。故其傳不廣。惟濂溪太極之說見重後世焉。是爲濂學。

(5)程顥字伯淳。學者稱明道先生。顥之弟頤。字正叔。學者稱伊川先生。洛陽人。同學於周敦頤。明道厭科舉陋習。慨然有志於道。嘗自言所學初泛濫百家。出入釋老者幾十年。返而求諸六經。而後得之。遂歸宿於孔孟。著定性書。與太極圖說相表裏。其敎人自致知至於知止。誠意至於平天下。洒掃應對至於窮理盡性。循循有序。伊川之學以誠爲本。以大學論孟中庸爲標指。而達於六經。動止語默。一以聖人爲師。晚年著易傳及春秋。平時誨人不倦。故出其門者多。如謝良佐、游酢、呂大端、楊時。皆其弟子、號程門四先生。明道伊川時稱二程夫子。是爲洛學。

（6）張載字子厚。居關中郿縣東橫渠鎮。學者稱爲橫渠先生。與二程同時。少喜談兵。至欲結客取洮西。後屛居南山下（長安城南）志道精思。謁范仲淹。仲淹勸之讀中庸。猶以爲未足。又訪諸釋老。知無所得。反而求之六經。好學力行。其學尊禮貴德。樂天安命。以易爲宗。以中庸爲體。以孔孟爲法。著正蒙及東西銘。伊川嘗言西銘明理一而分殊。擴前聖所未發。與孟子性善養氣之論同功。自孟子後蓋未之見。關中士人多宗之。是爲關學。

（7）朱熹字尤晦。一字仲晦。徽州婺源人。少依父友劉子羽寓福建之崇安。後徙建陽之考亭。故又爲閩人。受業於李侗。（閩人）爲程門三傳弟子。孝宗時上書言事。陳修攘大計。甯宗朝以忤韓侂冑落職。其爲學窮理以致其知。反躬以踐其實。而以居敬爲主。凡詩書六藝之文。與夫孔孟之遺言。顚錯於秦火。支離於漢儒。幽沈於魏晉六朝者。至是皆煥然而大明。秩然而各得其理。蓋集理學之大成。爲南宋大儒。首屈一指者朱子也。著易本義、詩集傳、大學中庸章句、或問、論語孟子集註、通鑑綱目、宋名臣言行錄、家禮、伊洛淵源錄等。學者稱爲考亭先生。是爲閩學。

(8)陸九淵字子靜。撫州金溪人。九齡弟也。讀書象山。學者稱象山先生。與九齡講學。以頓悟爲大宗。號江西二陸。嘗與朱子會於鵝湖。論多不合。及朱子守南康。與九淵至白鹿洞。九淵爲講君子小人喩義利章。聽者爲之泣下。朱子以爲切中學者隱微深錮之病。九淵嘗曰。六經註我。我註六經。又曰。學苟知道。六經皆我註脚。其說與朱子相反。蓋朱子以道問學爲宗旨。陸子以尊德性爲宗旨。故朱陸有異同焉。傳其學者有楊簡、袁燮、沈煥、舒璘諸人。象山之學無所師承。卓然自成一派。

(9)邵雍字堯夫。河南人。謚康節。學者稱康節先生。爲學堅苦刻勵。最深易理。仁聖兩朝累徵不就。自號安樂先生。就學於北海李之才。受河圖洛書伏羲六十四卦圖像。多所自得。明道嘆爲內聖外王之學。又稱其道純一不雜。著書曰皇極經世、觀物內外篇、漁樵問答等。

(二)史學　宋代史學頗有進步。體裁分爲三種。

(1)紀傳體。若唐書五代史是也。初五代時晉劉煦修唐書。缺漏處甚多。宋復以曾公亮爲監修官。命宋祁與歐陽修更編修之。又令薛居正撰五代史。歐陽修亦私撰之。故五代史有新舊二史。

(2)編年體。以司馬光資治通鑑爲首。事實精確。文章莊嚴。後朱熹亦作通鑑綱目。標準道義。他若李燾之續通鑑長篇及李心傳之編年要錄。

皆爲善本。

（3）紀事本末體。始於宋袁樞之通鑑紀事本末。事實明晰。閱者易於通曉。當時仿其體者。若章冲之左傳事類始末、及徐夢莘之三朝北盟會編等皆是。

以上諸體於歷史格已略備。其他若馬端臨之文獻通考。鄭樵之通志。王應麟之玉海。於歷史所益匪淺。

（附）遼金之史學　遼之史家有劉輝之五代史論。且欲與歐陽修抗衡。耶律孟簡論史筆宜愼能舉司馬班范以爲戒。固不僅以能明漢文稱也。

金之季也。元好問嘗以史筆自任。曾造構野史亭。采金之君臣遺言往行。裒輯紀錄百餘萬言。今壬辰雜編諸書雖以無傳。而元人纂修金史多本所著。故於三史中獨稱完善。

(三)文學　宋初文章尙沿五代纖麗之習。楊億劉筠輩作駢體文。頗極曲麗。時號楊劉。石介作怪說以譏之。而惟重柳開。開少慕韓柳之文。因名肖愈。字紹元。既而改名開。字仲塗。自以爲能開聖賢之塗也。開之論文。謂古文非在詞澀意苦。令人難讀。在古其意而高其語。而開之所作。頗近難澀。王禹偁文古雅簡淡。其奏疏尤極剴切。穆修文章。溯源韓柳。是三人者。實起五代之衰。修一傳爲尹洙。再傳爲歐陽修。修胚胎史記。而變化於昌黎之文。議論序事。出于紆徐之筆。行以秀雅之度。蔚然爲北宋大宗。同時爲修所獎引者。爲眉山蘇洵。與其二子軾、轍。及曾鞏王安石。蘇洵之才橫矯如龍蛇。軾之才大。一瀉千里。純以氣勝。轍淳蓄淵涵。鞏湛深經術。安石勁爽峭直。明茅坤以韓柳歐三蘇曾王爲唐宋八大家。尤爲定評。

南宋文學稍衰。然如李綱奏議詳密雅健。與漢賈誼唐陸贄均可相匹。又如宗澤胡銓岳飛陳亮文天祥謝枋得等。讀其文均足起衰世之頑懦。勵國民之壯氣。豈可規規於字句間求工拙哉。

唐溫李之詩專尙縟麗。宋初楊劉諸人。不特效其文。兼效其詩。故有西崑體之稱。自歐陽修與蘇舜欽梅堯臣等起。共排西崑體。而其弊始革。蘇軾王安石亦以詩鳴。軾詩飄逸不羣。尤與李白相似。安石詩渾厚近唐人。蘇軾之徒有黃庭堅、秦觀、張來晁無咎等。皆長於詩。庭堅律詩專學杜甫。意境各殊。爲江西派之宋。庭堅之徒陳師道亦以詩稱。

南宋時尤袤、楊萬里、范成大、陸游等。才氣豪邁。字句老鍊。與北宋蘇黃並爲大家。

當時工詩者無不工詞。亦風氣使然。蓋論詩以唐爲盛。論小令則北宋爲盛。而長調則南宋爲盛。詞家之有范仲淹、歐陽修、蘇軾、周邦彥、辛棄疾、姜夔、吳文英、張炎。猶詩家之有李杜也。

〔附〕遼金之文學　遼起自松漠。初無文字。漢人敎以隸書之半。增損之作字數千。及韓延徽親任。中國文學漸以輸入。而契丹字終未能通行焉。太祖以兵經略四方。禮文之事。固所未遑。太宗入汴。取漢唐以來之圖書北遷於燕雲。而後制度漸以修舉。聖宗興宗之時。務修文治。蕭韓家奴博覽經史。首以對策著。洋洋萬餘言。誠不愧遼之鼂董。王鼎達於政事。當代典誥多出其手。及其亡也。文學之臣如左企弓、虞仲文等。猶以才學顯。後皆相繼降金。企弓通左氏春秋。仲文日記千言。刻苦學問。然大節有虧。雖文章茂美。亦何足重焉。

金初未有文字。太祖得遼人韓昉。遂重文學。太宗伐宋。宋之文人宇文虛中、蔡松年、吳激、馬定國之徒。先後歸之。熙宗而後。文教丕變。夫金之開國。無異於遼。而一代文物之盛。非遼所及。蓋以文而不武也。其時如王寂之博大疏暢。在大定明昌間不愧作者。周昂論文。深中肯綮。由其學術純正也。李俊民於出處之際。能潔其身。故所作之詩。多幽憂激烈之音。文極冲淡和平。亦復似其爲人。雖博大不及元好問。抑亦其亞矣。好問古文繩尺嚴密。衆體悉備。詩歌亦勁健。有宋人風。白樸育於好問家。得其傳授。金亡後被薦不出。其所塡詞可匹張炎。特爲製曲所掩。爲可惜耳。

（四）經學　自秦火以後。書籍散失。兩漢學者摭拾於灰燼之餘。專務考據訓詁之學。而於聖賢之大義微言。未暇及。及至於宋儒。遂起而研求義理。此亦相因之勢。非前人果是而後人果非也。宋世推濂洛關閩之學。於經多所發明。同時諸儒崛起者甚衆。如歐陽修、司馬光、呂公著、王安石、范鎮、呂大防等。雖不專以儒著。然皆深於經術。惟安石爲政。罷春秋科。創爲詩書周禮義頒之學。欲盡廢前說舛矣。

(五)醫學　宋代頗重醫學。學子應科。每入醫科。宋設醫學十科。每月試疑難。以所對優劣加勸懲。三年一次試諸太醫。雖不係學生亦聽補試。惟重陰陽五行之說。是其缺點也。

(六)書法　宋代之工於書者甚多。初太宗喜書法。故一時公卿以下。皆摹仿鍾王。及李宗諤等司科舉。士子皆學其書。尋宋綬爲參政。舉朝皆學其書。號爲朝體。李宋之書雖盛行。然時有宋寒李俗之評。及蔡襄貴。士庶又皆學其書。襄書資格甚高。爲宋代第一。王安石爲相。又多學其書者。然自是講古法者甚少。惟劉瑗以隸書。趙仲忽以草書。鮑愼由以行書。趙震以篆書。皆名重一時。若歐陽修、蘇軾、黃庭堅輩。別成一家風趣。米芾亦以能書稱。

（七）繪畫　宋代士夫多研究性理。故好畫者甚多。李成畫山水山林藪澤。平遠險易。無不逼眞。稱古今第一。其徒范寬兼師荆浩所作。畫峯巒渾厚勢壯。特稱老勁。又有董源善畫秋風遠景。用筆奇峭。水墨類王維。著色類李思訓。三家鼎立。照耀古今。爲百代師法。又有釋臣然者。亦善山水。與荆關齊名。其後有李公麟米芾等。公麟以山水著。兼善佛像。甚類唐人。尤以白描法稱於世。米芾之畫。出於董源。山水人物。以烟雲縹緲勝。其子友仁略變其所爲。亦成一家法。徽宗亦善畫花鳥山石人物。均有神妙之稱。故特重之。置畫學以爲提倡。南渡以後。歷代君主皆流連山水。鍾情雅事。於西湖畔特設畫院。稱爲院畫。

（八）音樂　宋初改周崇德之舞爲文德之舞。象成之舞爲武功之舞。改樂章十二順爲十二安。蓋取治世之音安以樂之義。其大樂自建隆迄崇甯凡六改焉。高宗建炎初行郊祀禮。樂舞未備。就取中軍金鼓權一時之用。十四年始詳定朝會樂。嗣後兵戈不定。不遑製樂。理宗享國最久。亦未遑有所更定云。

自唐武宗後。諸外教皆被摧殘。無能自振。宋之版圖又狹小不及於遠方。故外教傳入者亦尠。是宋代宗教之勢力不甚複雜。其勢力較盛而影響於思想界較大者。首推佛教。因宋儒多出入於佛老故也。道教次之。回教則又遠遜焉。分述如次。

（一）佛教　五代之末。周世宗多廢寺院。禁度僧尼。及宋太祖修廢寺。造佛像。遣僧行勤等百餘人於印度。又印行大藏經。且僧徒遊西域而歸者亦復不少。故佛教之勢再盛。太宗時於東都立譯經院。使西僧專譯經論。

故翻譯之業亦復盛。眞宗時已譯之經有四百十餘卷。其中最有勢力者爲禪宗。仁宗時設禪寺於汴京。以僧懷宗爲主。因之禪宗益盛。若祖印契嵩之徒。皆爲世所知。及神宗哲宗世。名僧前後輩出。淨源爲華嚴中興之祖。慧龍爲黃龍派之祖。當時縉紳學士亦喜交僧徒。習禪書。徽宗以後其勢乃衰。

（二）道敎　宋初有華山道士陳摶者。其哲學思想。本儒釋道三敎。說萬物一體。以爲宇宙表面雖變化無窮。細察之有超絕萬有之一大理想存焉。此理法雖爲一元論。然與他物相對。則近於二元論。宋儒之理氣實由此出焉。太宗雖賜號希夷先生。然其敎並未專尙。至眞宗時始加老子尊號。又作玉淸照應宮。華麗無匹。賜張道陵後張正隨號眞靜先生。由是賜號率以爲常。徽宗最信道敎。設道階。置道官。後復立道士學。置道學博士。又修道史。給道士俸。道教之盛莫過於此時矣。至徽宋被虜後。道教遂衰。不復振矣。

(三)回教　回教自唐代輸入中土。由是中國人始知其教。然尚未盛行。宋初喀什噶爾酋長布格拉者始信回教。其部下多崇奉之。後布格拉征土耳其斯坦虜回回人種而還。其種人皆信回教。然亦祇行於西域各地。至中國本部尚未見流行也。

宋代外患頻仍。人民之生計頗苦。其實業概無進步。比而較之。則農業稱首。工業次之。商業又次之。玆分述如次。

(一)農業　宋承五季之後。人口增殖。當國者乃注意於農務。

1墾闢　太祖詔野無曠土者議賞。太宗設農師以糾勤惰。眞宗仁宗皆獎民耕種閑田。南渡後亦亟亟立守令墾田殿最格。置力田科。募民耕種兩淮田。惜官吏奉承有名無實耳。

2 減稅　因王方贊之請而減田賦。因李允之語而去牛租。因呂夷簡之請而不稅農桑。優農之仁既行。而勸農之政乃可徐施也。

3 水利　太宗詔河北諸州開水利田。神宗遣使八人察農田水利於天下。是時江南又有所謂圩田者。築堤圍田以防外水。但令堤防不疏。則水旱無虞。高宗孝宗時江南各縣修圩岸數百里。是可見當時農業之一斑。

(二)工業　藝祖統一中原。復覩昇平之象。其後國政日修。工業因以發達。惟南渡後轉徙無常。工業爲之停滯矣。茲舉其特盛者如左。

1 建築　宋以開封爲東京。河南爲西京。兩京宮殿寺觀規模宏備。其尤可貴者神宗勅撰營造法式一書。我國乃有建築專書。至橋梁建築亦大進步。如太宗時之延安橋。仁宗時之安濟橋。及閩中之洛陽橋。規制皆極宏壯。

2 陶工　宋代製造以陶器爲最。景德窰其尤著者。其餘窰產並臻發達。

3 刻絲　以雜色線綴於綢緞之上。合以成文。望之如雕刻然。今之繡貨卽仿其法。

印刷　活版之術發明於神宗時。初用固膠作活字。後世更易以木銅鉛之類。而利用愈廣。

(三)商業　宋代疆域狹小。國外貿易無可述。國內貿易之可考者如左。

1 鹽商　總中國鹽於官。商人得入實錢以易官鹽。官授以劵。就所在地之鹽給之。

2 茶商　業茶者衆。商人由官給引。始得販茶。

3 牙儈　唐以來卽有之。宋代沿襲。

4 經紀　宋代業小經紀者專鬻班朝錄供朝服畫字本諸品。

5 稅則　宋初於征算之條。頗從寬簡。至安石行均輸法市易法吏緣爲奸。商民乃被擾。南渡後兵革未息。商稅間有增置。

6 貨幣　宋初鑄宋元通寶。輕重一准唐之開通元寶。其後屢鑄銅錢鐵錢。每改元必更鑄。皆曰元寶。至高宗時始用交鈔。初以其輕重爲世所喜。逐漸流通。後以濫發之故。其價乃日賤。

宋以崇尚儒術專研理學之效。士氣特盛。觀其時士大夫咸以名節爲高廉恥相尚。盡去五季之陋。故靖康之變。志士投袂起而勤王。臨難不屈。所在有之。及宋之亡。忠節相望。殉難之臣。倍於前代。誠爲萬古國家社會風俗之標準也。然此皆起於人民之自動者。至若學校之感化力則甚弱。被動之效果。不如濂洛關重之自行集徒講學。轉足以正人心而維風化也。觀宋末之三舍生轉以勢利爲務。廉恥盡喪。阿諛諂容。實遺名教之羞。欲求如陳東以太學生上書論大臣誤國并痛陳時事者。幾如鳳毛鱗角。不可多覯矣。

第十章　蒙古人與中國文化

斡難河克魯倫二流域及肯特山附近。實蒙古族之根據也。故屬室韋一部。爲游牧種人。世爲遼金所羈屬。及合不勒爲部長。始有汗號。金人屢伐之無功。乃與議和。傳至也速該而始强。併合諸部。其子鐵木眞繼起。稱成吉斯汗。首滅鄰近諸族。繼則伐金滅夏。最遠則西征至俄羅斯。可謂偉矣。計蒙古人西征凡三次。

(一)成吉斯汗西征　成吉斯汗者蒙古族之豪傑。亞洲鐵血主義之偉人也。即位後。統一內外蒙古。轉鋒西向滅西遼及花剌子模。別遣將西征至裏海。更沿西峯踰高加索山而西。侵入俄羅斯。旋又滅西夏。溯成吉斯汗在位二十二年。未嘗一日離戎馬弓矢間。征服者四十餘國。舉內外蒙古、滿洲、中國之北半部、天山南北兩路、中亞細亞、暨歐洲東境。悉隸版圖。身前成絕世之偉業。後嗣蒙業承庥。幾混一全亞。旁躪歐。非至今歐人談之猶慄乎動容。以視拿破侖及亞歷山大。其兵謀政略。知識膽力。殆遠過之。誠世界之豪傑哉。考其所由奏此空前之奇烈者。大要有五。

一蒙古國典非經庫里爾泰大會（合諸宗王大將羣藩列酋組成）所共推者。不得爲蒙古大汗。以其國家幅員廣大。非才智出衆如成吉斯汗者。不可爲共主。故蒙古大汗必選素有民望者以當之。

二蒙人幼卽從事畋獵。嫻習騎射。故騎兵尤精。大率各畜馬三四匹以上。

可番替終日馳騁不倦。

三騎兵促赴前敵時。飢則餐羊馬乳。渴不得水則飲其血。如是者能旬日不賫糧。故征進極速。所向無前。

四蒙古初制。典兵官視兵數多寡定爵秩崇卑。重重節制。皆直隸於大汗。凡民家有男子十五歲以上。七十以下。無衆寡盡僉爲兵。上馬則備戰鬥。下馬則屯聚牧養。孩幼稍長又籍之曰漸丁軍。萬戶、千戶、百戶多有封地。或世襲。兼理所部民事。遣郎治之。不須上請。其權甚大。是蒙古兵衆法嚴。且以鼓勵有方。將士皆奮勇效死以圖功名。

五蒙古起朔方。專事畜牧。牧事不必壯男。婦孺皆能承之。故軍士雖出征。其家仍不免徭役。大都妻子代輸之。沙漠萬里。牧養蕃息。殆不可以數計。雖頻年用兵而上供無闕。

(二)拔都西征　元軍侵入歐洲。實爲吾國未曾有之壯舉。太宗卽位。欲經略西方。以拔都爲總督。速不台爲先鋒。率大軍五十萬洶湧西進。經中亞細亞。降沿道諸部。蹂躪俄羅斯之南部。陷莫斯科 Moscow 更驅其餘力以逼內地。一軍向馬札兒。Magyars（今之匈牙利）一軍向孛烈兒。（今之波蘭）大破北歐諸國之聯軍於維兒斯塔特。Wohlstadt 揑迷思 Nyemcz 諸部民皆擔荷遠遁。其本軍自馬札兒渡多腦河。Danube 衝匈牙利。所至殘殺。聲威大震。會太宗訃音至。元軍乃還。拔都留欽察。建欽察汗國。

(三)旭烈兀西征　憲宗命旭烈兀伐西方亞細亞。滅强暴之木剌奚。（此族踞裏海南岸山中回教徒之一種以暗殺爲得意凶悍久爲蒙古害）進陷八吉打。Bagdad 滅東撒剌遜國。Saracen 更略敍利亞。Syria 於阿母河以西地。（今波斯之地）建伊兒汗國。

蒙古之興也。全用力于西北。世祖卽位。改國號曰元。乃震蕩其餘威。大擧南下。勢如破竹。不數年而滅宋。奄有中原。後征服高麗、緬甸、交趾、占城及南海諸國。自成吉斯汗迄世祖凡八十年間。蒙古領土東自朝鮮。西達歐洲。北自貝加爾湖。南及安南。實爲前古未有之大帝國。以版圖遼闊。不易統治。乃行左之二策。

（一）設行省　其領土中以中國本部、蒙古、滿洲爲主。以朝鮮、西藏、緬甸及南方諸國爲屬國。以中國本部爲命脈所在。設行省以爲制馭之策。乃立中書省一。行中書省十有一。曰嶺南。曰遼陽。曰河南。曰陝西。曰四川。曰甘肅。曰雲南。曰江浙。曰江西。曰湖廣。曰征東（監高麗與躭羅）路一百八十五。府三十一。州三百五十九。軍四。安撫司十五。縣一千一百二十七。除本部外。復建阿母河行省、嶺北行省。開阿力麻里元帥府。制別失八里元帥府、以分鎭藩屬。

(二)行•封•建•　元版圖之廣。前古未聞。而其時宗室諸王於此大帝國中、各有分地。其間尤大者有四。

1 伊兒汗國　旭烈兀之子孫君臨於此。據阿母河以外之西方亞細亞一帶地。以媽拉固阿爲國都。

2 欽察汗國。在東兒汗國之北。東自吉利吉思草原。西至歐洲匈牙利國境。擧多腦河下流地及高加索以北地。悉列其版圖。拔都之子孫君臨於此。以薩來爲國都。

3 察合台汗國。察合台之子孫君臨於比。據錫爾河外天山附近一帶西遼故土。其國都爲阿力麻里。

4 窩闊台汗國。窩闊台之子孫君臨於此。據阿爾泰山附近之乃滿故土。以也速里附近爲根據地。

按此等國家。終元之世。固視如屬國。而未嘗一日行其政教也。推其故。固由元政府駕馭無術。亦由道遠故也。當時往欽察須馬行三年乃能達。道路如此之遠。又安能制馭哉。厥後俄羅斯興而欽察國亡。波斯興而伊蘭國亡。英奪五印度而英臥兒帝國亦亡。其餘察合台、窩闊台諸國。亦相繼瓦解。遂令震古鑠今之偉業。隨一代之風雲以俱去。而今日阿利安人種之獨占優勝於世界。有由來也。

蒙古人對藩屬之政策。如上所述。其對漢人也。則存猜忌之心。懼恐不足以制馭。復深謀遠慮以左行之政策。

一急求漢人中之中樞人物。如文天祥、謝枋得等。召至京師。以繫人望。然皆不屈。

二宋太后全氏於亡國後至京。世祖之皇后弘吉剌氏極優遇之。

三孔子爲中國歷代所尊崇。武宗乃追尊孔子爲大成至聖文宣王。仁宗時又詔以周敦頤、張載、邵雍、司馬光、朱熹、張栻、呂祖謙、許衡等從祀孔子廟庭。以表漢人之同情。

四優禮朝臣。增加俸祿。以博其歡心。

雖然。蒙古之優禮漢人。非出于誠意也。其防範漢族之舉動。蹂躪漢族之民權。消磨漢族之志氣。固無所不至也。開國後亟亟改革制度。以爲制馭之計。且以蒙古起自朔漠。野處草創。俗樸事簡。太祖時惟以斷事官定政刑。左右萬戶統軍旅。丞相謂之大筆帖式。及取中原。太宗始立十路宣課司。進用儒術。金人來降者。因其故官卽以行省元帥授之。定憲短祚。益以兵事倥傯。日不暇給。世祖卽位。卽召用漢人姚樞、許衡、劉秉忠。俾與謀議。遂舉行新政如左。

（一）官制。命秉忠與衡酌古今之宜，定內外官制。其總政務者曰中書省，秉兵柄者曰樞密院，司黜陟者曰御史台。其次內則有寺、監、衛、府，外則有行省、行台、宣慰、廉訪司。其牧民者則曰路、府、州、縣。其長則蒙古色目（諸外族）人爲之。而漢人南人（元分中國人爲二，先滅金所得者爲漢人，後滅宋所得之江南人爲南人）貳焉。是其官人之制，蒙古人最占優勝。色目人次之。漢人又次之，南人最賤。終元之世，漢族之爲宰相知政事者，前則史天津、劉秉忠，後則賀惟一，三人而已。其尤戾者則蒙古人色目人與漢人南人同官一職，而漢人南人皆必長跪而白事也。意在尊己族而卑異族也。

（二）國書。初蒙古人無文字，號令借用漢楷及輝和爾（高昌書）字以達其言。世祖乃命國師八思巴製蒙古新字，頒行天下。譯有一切文字，後此凡降璽書。並用新字。蓋欲漸滅中國文字。減少中國人之愛國心也。

（三）賦稅　初太祖征西域。倉庫無斗粟尺布之儲。羣臣咸勸以得漢人無用。不如盡殺之。曠其地以爲牧場。獨耶律楚材力諫。勸均定稅則以裕國用。太宗立。始定算賦。中原以戶。西域以丁。蒙古以馬牛羊。及既滅金。括戶定稅。羣臣欲以丁爲戶。楚材復力爭之。始定稅則。至世祖後申明舊制。大率取民以唐爲法。

（四）學校選舉　初太宗用楚材言。以科舉取士。世祖時未果行。後置十道提舉學校官。修定鄉會試式而實行之。取士以德行爲先。試藝以經術爲先。其出於學校者。有國子監學、蒙古字學、回回國學、醫學、陰陽學之屬。出於薦舉者。有茂異、求言、進書、童子之屬。出於勳衞者。待以不次。外此復有廕敘、勞績、入粟、工匠、投下吏員等類。考覈銓選之法甚備。然元之用人偏於國族勳舊貴遊子弟。漢人則備數而已。且其後科舉之法亦廢。漢人無由進身。卽此可見其猜忌之情矣。

(五)兵制• 開國時兵制已見前。世祖時頗增修之。內立五衞以總宿衞。外有萬戶、千戶、百戶。立樞密院以總之。旣平中原。發民爲卒。是爲漢軍。軍有獨軍戶、正軍戶、貼軍戶之分。又有餘丁軍、匠軍、質子軍、禿魯華諸名目。其繼得宋兵。號新附軍。又有遼東糺軍、契丹女眞高麗軍、雲南寸白軍、福建畬軍。皆鄉兵。又有以技名者。曰礮軍、弩軍、水手軍。募集者曰答刺罕軍。大率兵數無可考。以兵籍係軍機重務。漢人不閱其數。雖樞密近臣職專軍旅者。惟長官一二人知之。故內外兵數之多寡。人無有知之者。

(六)刑法• 初用金律。世祖止。滅宋。編行法典。名大元通制。仍用笞、杖、徒、流、死等。惟其刑罰極峻酷。是亦虐待漢人之一端也。

觀元初所行新法。惟在壓制漢族。器量亦何小哉。厥後愈趨愈甚。最足引起漢人不平者。則任用聚斂之臣也。世祖時。連年用兵。國用耗竭。乃利用聚斂之臣。天下爲之困窮。當時收括最盛者。爲阿合馬、盧世榮、僧格。世所指爲三姦者也。自後諸帝好貨。殆成莫解之錮疾。而漢人苦矣。

元自世祖建國至順帝。凡十三主。八十八年而亡。元代之興也甚速。其亡也亦甚速。考其最大原因。凡有八事。

（一）種族之見太甚　蒙古入主中原以來。頗存猜忌異族之思想。故分國民爲四等之階級。一曰蒙古人。二曰色目人。三曰漢人。四曰南人。政權全歸蒙古人。漢人南人爲最下。順帝時丞相巴延至有盡殺張、王、劉、李、趙五姓漢人之議。且禁漢人南人不得執兵器。以是亂者常不絕。種族畛域之見不能化除。欲以少數之民族。仰制多數之民族。實爲情理所無。宜其敗亡之速也。

(二)賦斂繁重　因多年戰役。財力窮乏。於是用聚斂之臣。朘削民脂民膏。當時繁征苛稅。名目甚多。大率爲中國前代所未有。然而政府濫費如故。至順帝初。中書有陳濫費五事。曰賞賜。曰作佛事。曰創置衙署。曰濫冒支請。曰續增衛士鷹坊。順帝至正時。縱一歲所入。不足爲旬月之支出。財政紊亂若此。欲不亂亡得乎。

(三)交鈔爲元大患　欲濟財政之困難。濫發交鈔。幣制益紊。物價騰貴。至順帝時。物價增至十倍。及海內大亂。軍儲犒賞。每月印造。不可數計。京師至以鈔十錠。不能易斗粟。所在郡縣。皆以貨物相貿易。公私所積之鈔。皆不能行。國用由是大乏。

(四)內亂不絕　元初蒙古大汗繼承之制。定於庫里爾泰大會。其法未嘗不善。然爭位之漸亦有此種原因。故每逢絕續之交。恆啓競爭之隙。失烈門之怨望。阿里不哥之僭號。海都之稱亂。其目的皆在爭位之問題。權臣因之籍擁戴功。擅威福者垂四十年。鐵木特兒之弑逆。燕特穆爾及伯顏之專恣。其尤著者也。元中央政府全失勢。漢民愁苦思亂。乘機而起者紛徧於天下。有司至不能制。

（五）政治腐敗　元自太祖以來。用兵沙漠。得一地卽封一人。便世守之。及取中原。亦仍行此制。故官多世襲。而吏治益不可問。民生因之日蹙。蓋此法止可行之朔漠。而中原則必用流官也。加以元之中書樞密政治闒茸。武備廢弛。統治實力日卽疎懈。於是元室國威墜地。天下得以闚其虛實。而專制之淫威。乃倍甚於開國之初。故漢室攘外之心。復熾同仇之焰。漸張。反者四起。遂以亡元。

(六)賈魯治河爲發難之端　元室致亂之原因不一端。而實發難於賈魯治河之役。發兵夫。耗民食。糜帑幾二百萬。歎地不蒙實惠。天下用是騷然。當時開有石人一隻眼。挑動黃河天下反之謠。

(七)喇嘛教徒驕橫　元以吐蕃難治。崇其喇嘛教。以爲羈縻之術。尊八思巴爲帝師。隆重無匹。其徒怙勢恣睢。氣焰薰灼。延於四方。每歲內延佛事。所供費以千萬計。且歲必因好事奏釋輕重囚犯。兇憝每夤緣幸免。或取空名宣勅以爲布施。而任其人。甚至廣取婦女。惟淫樂爲務。羣僧出入禁中。醜穢外聞。其害不可勝言。

(八)文字隔閡　元之諸帝多不習漢文。專用蒙古文。而上下隔閡。用蒙古字以教四方。蓋欲以淡漢人愛祖國之心也。大抵滅人國者多出此手段。如俄之於波蘭。英之於印度。日之於朝鮮。莫不如是。然元人行之太驟。且蒙古素無文化。故不適宜。每一令出。漢人多不通曉。徒增隔閡而已。因此種種原因。加以饑饉頻年。天下大亂。盜賊蜂起。羣雄割據。明太祖遂以匹夫起事。奠鼎中原。而元遂亡矣。

元有天下幾九十年。一蒙漢雜治之時代也。自五胡亂華以來。異族之入主中原者。初雖專恃武力。輕漢族文弱。然積久則無不與漢人同化。沿襲漢族之聲明文物也。獨蒙古人則不然。一入中原。幾欲將中國數千年之文化悉掃除之。輕孔孟而重番僧。用戎索而廢漢德。中國之文化乃大受挫折。蒙古人實摧殘中國文化之大魔王也。觀其區別南人爲十等。一官二吏七匠。八娼九儒十丐。是儒之地位。不能比於娼而下儕於丐。實起於猜忌漢族之心。故不恤將中國神聖之儒道而任意汙蔑之也。元代之學術思亦可見矣。茲將其學術之稍著者略述如次。

（一）哲學　元儒之所學猶是宋儒之所學也。其所與宋儒異趣者。無論其學派如何。而皆篤實謹嚴。無宋代分門別戶華囂競爭之習。其所由然者。則以蒙古自有宗教。不尙儒術。政事之與學術。始終截然兩事。無由合併。一時儒者獨抱遺經之外。聲氣利祿。一無所預。故其實轉能篤實爲己也。有元一代之學。大別爲南北兩派。北派以許衡爲大宗。而姚樞竇默諸人輔之。南派以吳澄爲職志。而朝炳文陳澔諸人佐之。北派篤守程朱遺說。不容有一語之出入。南派則兼師金谿。而調停於兩家之間。以勢之廣狹而論。則洛閩占勝。蓋宗洛閩者往往斥金谿爲異學。而宗金谿者不敢明攻洛閩也。北派以躬行實踐爲主。不事著述。詞章學則尤避之。若恐浼焉。南派則研究性理之餘。兼留意於經史。故說經之書。南富于北。而餘事爲文亦斐然具有可觀。至於尙書古文一書。朱子始疑其僞。而未敢明言排斥。至吳澄爲尙書纂言始明辨其出於東晉同時趙孟頫更爲書以翊之。而僞書乃大明於世。則又啓清朝經學之先河矣。

(二)文學　有元一代政教亂於上。而文學則昌明於下。士君子保存國粹之苦心。其所由來者遠矣。元文極盛於延祐大德之時。而中衰於天歷至元以後。開國之初。元好問以勝國遺民。慨然以收羅文獻爲已任。爲北派之宗。南方文士大都南宋逸老。感念故國。獨抱遺經。潛心著述。不求聞達。剡溪戴表元實爲江表耆英之冠。至論有元一代文宗。當推姚燧虞集。明宋濂稱燧之文春容盛大。有西京風。集極究本原。藹然具慶曆乾淳風氣。楊維文從字順。無所謂翦江飾翠以爲塗飾聱牙棘口以爲古奧。不得概目爲文妖也。耶律楚材之子鑄。經濟不愧乃父。而文章亦具有父風。早從征伐。足跡多涉歷西北極遠之區。故敍述塞外地理、風俗古事。頗爲詳核。

今人攷西北和林諸境之山川地勢者。必據雙溪醉隱兩集以爲證。吳萊、柳貫、黃縉、係後來之秀。明初文學實胚胎於此。餘若揭斯傒、楊載、歐陽玄、趙孟頫、范烹、倪瓚等。亦屬名家。元代於文章外。詩、戲曲、小說均盛。

1 詩• 元代詩學分南北兩派。北方學者承遺山一派之傳。其詩以博大昌明爲主。南方則厭宋末江湖之粗獷。四靈之幽僻。於是祧宋尊唐。轉師溫李。虞楊范揭皆生長南方。而詩派乃翹然自異。通圓一集。（虞集集名）尤爲元代詩人弁冕。其他詩學靡有及之者。

戲曲• 詞學至元而中衰。曲學至元而極盛。一時學士文人寄情寫興。率喜取前代忠臣孝子義夫節婦之遺事。文之以稗官之說。撰爲歌曲。被之管絃。文詞與戲曲合而爲一矣。當時有南曲北曲之分。南曲以琵琶記爲首。高則誠之所著。北曲以西廂記爲首。王實甫之所作。自元至明。作家如沈靑門陳大聲輩尤著名。工曲蓋詩降爲詞。詞降爲曲。學術之變遷。由於社會之變化也。

3 小說　元以前小說極少。卽有之。大都神仙變易。始自周之稗官者流。宋世四庫總目分爲二派。敍述雜事。記錄異聞。輟輯瑣語。至元代而新思想與外種人同入中國本部。究其結局。致令人人好聞奇異。記錄新聞。於是以俗語演繹名事。最著者施耐菴作水滸傳。其爲文結構雄渾。文字巧妙。可稱千古奇書。至今學喻戶曉。遂爲不刊之典。自此書成。開明代西遊記後水滸三國演義之先河。是亦學術之一大變也。

(三) 曆數　元時有郭守敬。上集古法之大成。旁得太西之新法。其所創凡五事。一曰太陽盈朒。二曰月行疾遲。三曰黃道赤道差。四曰黃道內外度。五曰白道交周。此五者推測較古爲密。於理旣精。與天亦合。匡中國三千來之誤謬。皆前古所未有也。

（四）醫學　元代醫學超越往古。因自世祖時定選試太醫法。三年一次。試十三科經論。其法考校醫經。辨論藥味。非選試及格著籍者不得行醫。經書則素問、難經、聖濟錄、本草、千金翼方。仁宗時又禁醫人非選試及格著籍者不得行醫。其時以醫著者爲朱震亨。著有格致餘論、局方發揮、金匱鈎玄等書。以理學家而兼精醫術者也。又有猶太人愛薛以泰西醫方輸入中國。爲有西醫之始。

（五）音樂　元起於朔漠。音樂多未備。及世祖時。命宋周臣領樂工。又命王鏞作大成樂。後用登歌文武二舞於太廟。又撰社稷之樂章。成宋時製郊廟曲舞。仁宗時又命太常補樂工。樂制始備。

（六）書法　元代書法以趙孟頫爲首。籀眞行草。無不冠絕古今。天竺僧有數萬里來求其書者。耶律楚材亦有翰墨之譽。

（七）繪畫　元世善畫者前有趙孟頫高克恭等。孟頫字子昂。號松雪道人。於山水、木石、花竹、人馬。皆有特色。高克恭字彥敬。號房山。初學於米氏父子。繼學於李成、董源、巨然。喜畫山水。後有倪瓚、吳鎭、黃公望、王蒙等。瓚字元鎭。亦號雲林山人。人以其性迂。稱曰迂倪。初師董源。晚年造詣愈源一變古法。以天眞幽淡爲宗。鎭字仲圭。號梅花道人。學於巨然。能山水。又喜花竹。公望字子久。號大癡老人。學於董源巨然。至晚年變其法。別成一家。蒙字叔明。號黃鶴山樵。師於巨然。墨法最愛潤秀。此四人者皆工山水。稱元季四大家。或有以黃王吳與孟頫並稱四大家者。蓋孟頫之人物樓台花樹等。亦稱精絕也。

自蒙古人未入主中國時。其俗敬天畏雷。尙巫信鬼。本無所謂宗教也。其後統一中原。以政治關係。宗教遂興。分述如左。

(一)佛教　世祖平定西域後。慮其民難治。乃設佛教以柔其心。於是印大藏三十六藏。須歸化之諸邦。又詔天下每歲度僧讀大藏經。帝又精選碩德三十人往宣布弘化。於是江南佛教大興。其餘建寺設齊譯經講道等。不暇枚舉。嘗曰朕以本覺不二之眞心。治天下國家。自後成爲家法。終元之世不衰。

(二)喇嘛教　喇嘛者無上之意也。其敎在佛家爲外道。最行於西藏。專爲祈禱、禁呪。身著紅衣。故或稱紅衣教。世祖領吐蕃(今西藏)。憂其地險遠而民獷悍。任喇嘛。使撫御之。設官分職。盡領之帝師。於是威權日盛。帝以嘛喇八思巴爲帝師。思巴專恃威勢。凶暴自恣。故朝廷供養之費不可勝數。然元室亦由此衰矣。

（三）道教　蒙古人崇尚釋氏道家方士之流。假禱祠之說。乘時以起。曾不及其什一。太祖時嘗遣使召邱處機。機勸以欲一天下。在不嗜殺人。中州人頗德之。其後世祖定江南。命焚道藏妄僞經文。自道德經外。毀廢殆盡。故其勢未嘗如西僧之橫恣。其教分三派。

1 正乙教。爲張氏所傳。世祖命領江南道教。世襲爵號。

2 眞大教。始於金末道士劉德仁。五傳至酈希誠。憲宗始賜以此名。

3 太乙教。創於金道士蕭抱珍。傳太乙三元法籙之術。五傳至李居壽。世祖更以印賜之。

（四）回教　太祖攻金時。部兵多奉回教者。太宗時亦然。於是回教遂開東漸之端。及世祖奄有中夏。設回回司天監、回回國子學。內外官屬多參用回回人。中國回教之盛。至是而極。

(五)基督教　東西之交通既日密。而基督教徒之欲至東方傳教者亦寖多。彼教雖自拔都西征受一大震動。然當時全歐方以撲滅回教爲務。至起十字軍以征之。故頗與蒙古人聯合。冀踣回教。當蒙古定宗卽位。羅馬教皇遣使來賀。憲宗三年法蘭西亦遣僧侶來朝。自是遂接踵來華矣。

蒙古人以政治束縛漢人。以宗教羈縻領土。無不有種族之見。獨於人民生業。則極注意。茲就當時生業狀況。約略述之。

(一)農業　世祖以武力大拓疆土。惟恐兵食不給。殆入中原。卽首重農事。

1屯田。世祖詔邊軍屯田邊境。

2農官。各路設勸農使司農司。

3農社。頒農桑雜令。每村以五十家爲一社。專掌教督人民。

4農書。世祖卽位後。頒農業輯要書。他若魯明善撰農業衣食攝要二一卷。王禎撰農桑通訣六卷。穀譜四卷。農器圖譜十二卷。關於農業之著作頗多。

觀以上諸端。國家頗重農業。故終世祖之世。家給人足。成宗時又嘗罷妨農之役。申擾民之禁。農民之樂。於此可見。然此皆元初盛事。其後則委靡不振。毫無實效。其弊在農自農。官自官耳。

(二)工業　元代工業雖不若宋代之盛。然亦小有進步。

1 工政。多設署場以督工事。如梵像提舉司、織染提舉司等是也。其餘織繡金銀木石油漆窰治。無不設局製造以供官用。

2 建築。元代之內殿、紫檀殿、東苑行殿。其制度精麗。構造華美。尤甲於近代。

3 製造。因海運而造平底船。因用武而造軍器。因崇佛而造西天梵相。

（塑像）此特其最著者耳。

（三）商業交通　曠代之一大帝國出現。遂令東西洋交通之局。蔚然一新。其自西徂東者。陸道從中亞出天山南路。或由西伯利亞南出天山北路。遠闢其販路於和林及燕京。而自波斯經印度達中國之海路。亦日益開闢。外國人之流寓者亦日益多。且其時諸小國悉滅。四方無割據。商賈往來亦便。又開官道。設驛站。分置守兵以衛行旅。貿遷有無。不虞寇掠。東西兩洋之交通。實肇於此。當時如廣東之廣州。福建之福州泉州。浙江之溫州、杭州等。皆爲世界著名商港。

此外因交道便利而事業發達者。一爲海運。一爲東西文化。

1 海運。　初糧運仰給江南者。大都涉江入淮。轉入運河。以至京師。又或自山東入海。勞費無成。至世祖時。始知海運之便。迭開新道。自浙西至燕京。不過旬日。

2 **東西文化之溝通**　元時重致遠人及一切色目人。咸與登進。外人之來吾華者日多。就中馬哥博羅 Marco Polo 尤有名。馬哥博羅者意大利人也。仕於世祖之朝。深明東方之事。歸國著東方見聞錄公世。歐人知吾國之事始於此。其後阿剌伯波斯之博士軍人。意大利法蘭西之畫師巧工等。雲集於其廷。因之西方之天文算術諸學流入中國。而中國之羅盤針活字版及火器之屬。亦漸西被。東西之文化。因此對流而溝通焉。

中國之生業。因蒙古而進步。中國之民氣。因蒙古以消磨。其時風俗蓋與宋不同。士大夫好以風雅相尚。每歲必聯詩社。四方名士畢集。燕賞窮日夜之力。詩佳者輒有厚賞。蓋自南宋滅亡。遺民故老。相與唱酬於荒江寂寞之濱。餘韻流風。久而弗替。且以其時國權悉在蒙古人色目人之手。漢人南人之居官者。不過充位備員。無所事事。故相率縱情詩酒。以消磨日力也。仕宦者固無論已。即其高蹈林泉。無心仕進者。亦類皆以此成俗。然此皆漢人南風之風尙也。蒙古搢紳罕與之者。蒙古風俗樸野。禮制不立。其本質然也。殆入主中國後。剛悍武勇之氣。亦漸即消磨。是以羣雄奮臂一呼。土崩瓦解。蒙古人竟無抵抗能力。不旋踵而中原盡失。前後相較。其能無今昔之感耶。

第十一章　漢族文化之再興

明太祖承元末衰亂。神州糜沸之秋。乘時奮起。首定江南。次渡河驅異族十五載而奄奠中原。讀者至此。應發生如左之感想。

（一）出身上之感想。　太祖幼時爲鳳陽皇覺寺僧。較漢高之爲泗上亭長者。其地位又等而下之一旦從郭子興起兵。連立戰功。得士衆心。卒能以西兴而成帝業。漢高以後。一人而已。

（一）種族上之感想。　自遼金蒙古人入主中原。上國衣冠。久淪塗炭。漢族呻吟於異族專制政體之下。無由奔訴。而一二梟雄傑出者如韓林兒、方國珍、陳友諒、明玉珍、陳友定等。又皆摧殘之。挫折之。雖張士誠稍滿人意。然無大作爲。幸太祖出而恢復河山。挈漢唐舊壤還之職方。舉黃河流域數百年之蠻俗陋習而一洗之。父老得復見漢宮威儀。史家比於去昏墊而之平成。功烈有加焉。

（二）地運上之感想。　自古英雄逐鹿中原。以西北制東南。其勢易。以東南制西北。其勢難。太祖獨能用江表爲根據。以統一中原。廓清四海。是則地運由黃河流域而移於長江流域之明證也。

太祖既定天下。謀所以長治久安之道。其大政方針如左。

一、革蒙古制度。復漢唐規模。

二、去廢弛之弊。以法治國。

三、用儒術以養成忠君愛國之民風。

方針既定。乃用劉基宋濂等以改革制度。政治界面目一新。其制迄乎清代相沿不廢。茲述其大略如左。

（一）官制　沿漢唐之舊而損益之。內官最高者爲內閣大學士。專備顧問。次之爲吏、戶、禮、兵、刑、工六部。爲主要行政機關。其外有都察院以主糾劾。通政司以達章奏。大理寺平反寃獄。皆重要之官也。

外官之最高者爲總督、巡撫。初爲臨時派遣之官。後改爲永久之職。其實權駕布按兩司而上之。布政司掌一省之民政。按察司掌一省之司法。布政司之下。

府有知府。州有知州。縣有知縣。掌各地之政令。至若司鹽政之官曰都轉鹽運使司。茶市馬市之官曰茶馬司。司沿海通商事務之官曰市舶提舉司。大率徵稅之官也。

（二）稅制　田賦同於前代。分夏稅兩稅。役法分三種。曰里甲。以戶計。曰均徭。以丁計。曰雜泛。則上命非時以供役使者也。至世宗後則改行一條鞭法。謂統賦役二項而以一條鞭渾括之。其制甚便。

（三）兵制　明代兵制曰京兵。曰腹內衞所。曰邊兵。京兵統轄於五軍都督。猶漢之北軍。腹內衞所取唐代府兵之意。每省設一都司爲之長。邊兵捍禦各邊。屯戍要地。有事則詔總兵佩將印領之。既旋則上所佩將印於朝。軍歸衞。將歸第。權自上出。無驕將專擅之弊。三者兵數以京兵爲最多。幾六十萬。總各邊各省之兵。其數不過半數。此亦內外相制之局也。

（四）刑制 明太祖懲元政縱弛。用法獨嚴。凡守令得贓至六十兩以上者。梟首示衆。仍剝皮實草。府州縣衛之左。特立一廟爲剝皮場曰皮場廟。官府公坐旁各懸一皮。使之觸目驚心。後命李善長定律曰大明律。其刑名分五等。列表如左。

明代刑制表

笞刑五	十	二十	三十	四十	五十
杖刑五	六十	七十	八十	九十	百
徒刑五	一年杖六十	年半杖七十	二年杖八十	二年半杖九十	三年杖一百
流刑三	二千里	二千五百里	三千里皆杖一百		

明代以嚴爲治。太祖即位之初。即以重典御臣下。子孫承業。均以嚴厲爲惟一之主張。自參夷大辟以至廷杖及枷示朝堂之峻罰。幾於史不絕書。

五)學制　明初設國子監。置祭酒、司業。及監丞、博士、助教、學正、學錄、典籍、掌撰、典簿等官。此外府洲縣皆有學。置教授訓導等職爲之師。洪武時國子監生有不次擢用者。其後進士日益重。舉貢日益輕。景泰時且開納粟之例。庶民亦得援生員之例以入監。流品漸淆而監生益輕。

(六)選舉　有鄉試、會試、廷試之分。其科目專以八股取士。流毒至於清末。以故應試者惟工文辭。鮮求實學。且當時由學校通籍者。反次於科目。可見當時之社會心理。多傾向於科目一途。

開國規模。至是蔚爲大觀。他若禁內官預政。戒母后臨朝。皆可以清亂源也。尊廉吏。屢免租稅。皆所以收人心也。又令臣民言事。得實封直達御前。學正教諭不知民情者。至竄之極邊。其所以整飭內治者亦極勤謹。且好親儒生。商略古今。帝本不知書。嘗聞經書奧旨。但覺聞所未聞。而以施之實政。遂成清晏之治。

惟其天性猜忌好殺。其尤足以摧殘民氣者有二事。

(一)殺戮功臣　帝春秋漸高。慮懿文太子柔仁。懿文薨。孫史孱弱。恐無以制馭強臣。爲身後謀。乃不惜出其殘酷陰鷙之手段以殺戮功臣。以是胡惟庸、廖永忠、李善長、藍玉等相繼誅夷。株連而死者至四萬五千餘人。視漢高之僅殺韓彭數人者爲尤殘忍也。

(二)興文字獄　帝學問未深。往往以文字疑誤殺人。其最忌者以少時爲僧長從盜賊。凡章表有用生則二字者。皆疑爲譏刺。以其音近僧賊也。遂屢興文字之獄。

帝猜忌愈深。防範愈周。而然身沒未幾。即有靖難之變者。則由建都與封建之未善也。申述如左。

(一)定都金陵　金陵(即江甯)瀕江爲城。鍾山龍蟠。石城虎踞。固形勝之地也。然地偏於南，不足以制馭全局。且居長江往來要衝，未易設防。其形勢遠遜北平。(即北京)故自六朝以來，都金陵者，非割據即偏安，無用此以統一天下，建萬世之業者。而北平反之，居中國北方，有高屋建瓴之勢。背長城，面渤海，戰守皆得其宜。以是遼金蒙古用之，皆能席捲華夏，宰制中原，往事可徵也。太祖舍此而都金陵，他日燕王南下，其勢莫當，蓋地勢爲之也。

(二)分封子弟。　帝既定天下，鑒於宋元孤立而亡，擇名城大都以封諸子。於是始封者九人，繼封者五人，後又封十人，共二十四國，令各就藩，服外衛邊陲，內資夾輔，其用意亦深遠也。不知封建之制，不行於三代以後，證諸漢晉往事可知矣。以故燕晉二王等擁强兵，爲北方重鎭，得以節制諸將，遂肇靖難之禍。其後寘鐇之變，宸濠之反，皆封建之餘殃也。

成祖雖以外藩篡位。然能逆取順守。在位二十餘年。內修文治。外振武功。爲有明極盛之世。成祖蓋英主也。茲分述其文治武功如左。

（一）文治　帝嘗集學者編永樂大典。（清代康熙乾隆之圖書集成皆本於此）又命胡廣、楊榮、金幼孜等修五經四書大全。皆用宋元注。爲學者矜式。而漢唐訓詁之學遂微。宋元性理之學遂盛。

（二）武功　成祖爲雄才大略之主。其偉績不在文治而在武功。卽位後。北逐元裔。南征交趾。西藩哈密。東靖女眞。版圖大廓。東西一萬七百五十里。南北一萬九百里。可謂盛矣。其功烈之尤足以光史乘者。則遣鄭和遠征海外也。

（1）鄭和遠征　成祖疑惠帝亡海外。命宦者鄭和蹤跡之。率兵三萬七千餘人。造大船六十二。由蘇州劉家港泛海達占城。以次徧歷南洋諸國。給賜其君長。有不服者。以兵懾之。諸國咸聽命。當時琉球、眞臘、（柬埔寨）暹羅、滿剌加、（麻剌甲）渤泥、（婆羅洲）蘇門答臘、爪哇、榜葛剌、（孟加拉）等三十餘國。皆來朝貢。和前後七奉使。三擒番酋。所經歷之地。南至爪哇。西至紅海。西南達非洲東岸。計程數萬里。其勳績匪特爲古來宦者所未有。直張騫班超以後第一人。其航海冒險之精神。雖比之哥倫布、麥折倫、滑士科等可也。後之奉命海表者。莫不盛稱和以誇耀外番。中國文化之遠播。無過於此矣。

成祖以後。明代君主以宣宗孝宗爲最賢。宣宗在位十年。吏稱其職。民安其業。明興至此六十年。民氣漸舒。始蒸然有治平之象。而孝宗之治績尤著。帝任用王恕、馬文昇、劉健、李東陽、劉大夏諸名臣。以是朝野清明。民康物阜。其治績之卓著者有八。

（一）博採輿論。帝卽位時。屢求直言。爲明代諸帝所罕有。

（二）體察民瘼。弘治六年因應天蘇松有水災。免其田租一百八十餘萬石。

（三）設置穀倉。令各省每十里預積粟萬石。以此定州縣升黜。而民食始足。

（四）廢除捐納。先是憲宗因賑陝西河南諸省饑。開納粟例。至是罷之。

（五）裁減禁兵。明以宦官監禁兵。權乃大。帝因劉大夏言。裁減兵數。而以武臣代之。

（六）改良司法。英憲以後。奸吏弄法。往往舍律用例。以從私便。帝乃命九卿定議。擇條例可行者二百九十餘條。與律並行。餘悉除去。一時法吏平恕。天下稱頌焉。

帝於上六事外。其德政之最大而有益民生有利交通最多者。尤推興修水利一事。

（一）興修水利　水利爲國計民生農商交通之大本。近世文明國家。無不極端注視於此。帝先得此意。於興修水利事。不遺餘力。舉其大者如左。

（1）治黃河水患　自太祖以來。黃河屢次決口。民苦水患久矣。帝乃命戶部侍郎白昂濬宿州古汴河。濬歸德睢河。使河流入汴。汴入睢。睢入泗。泗入淮。以達於海。又築塞黃陵岡。（山東曹州西南）使河水全入於淮。水患乃除。

（2）興江南水利　時江南大水。帝命工部侍郎徐貫經理之。導太湖水入澱山、陽城、崑承諸湖。導澱山湖水由吳淞江入海。導崑承湖由白茆江入海。導陽城湖由七丫港入海。又開湖州之漊江。洩天目山之水。入太湖。開常州之百瀆。導大茅山之水。使入太湖。又開諸斗門以洩運河之水。由江陰入江。於是江南水利大興。

帝之勤政愛民如此。故其內治爲明代最。自餘諸帝。蓋無治績可述。且國事日非。內亂外寇不絕。若權相。若閹禍。若黨爭。皆所以頹敗國勢。斲喪民氣。而阻害文化之要素也。茲分述其大概。以明國事之顚危。

（一）內亂　宣宗時有漢王高煦之叛。武宗時有甯王宸濠之變。國家元氣由此大傷。

（二）外族侵擾　明代外寇頻仍。哈密、吐魯番、緬甸、暹羅、韃靼、瓦剌時有侵擾。而瓦剌入寇尤甚。遂至英宗蒙塵。再蹈懷愍徽欽之覆轍。然此等外寇、中國史乘幾無代無之。不過大小輕重之分耳。而皆不足爲中國恥。可恥者莫如日本之爲患也。日本之爲患。於明代最盛者有兩種。

1 倭寇　時日本分南北兩朝。日相攻伐南朝既敗。其遺臣或越海侵高麗。邊民附之大擾。浸及中國與沿海奸民私結。遂成海盜。北自遼海山東。南抵閩浙東粵濱海州縣以及運河沿岸長江下游。悉被其害。明人稱之曰倭寇。以日木古稱倭奴也。倭奴之擾中國。自太祖時始。至世宗而極甚。終帝之世無甯歲。所攻破城邑殺傷官吏人民。不可勝紀。轉漕增餉天下騷然。殆俞大猷戚繼光合攻之於平海衛(福建莆田縣東)斬級二千二百有奇。還被掠者三千人。倭大創而去。東南始得安枕。

2 朝鮮之役　日本之與我兵爭也。以朝鮮為目的物。其禍成於今日。而原因則遠在三百年前。萬歷時日本促朝鮮入貢。且使為伐明之嚮導。朝鮮不從。乃出兵陷釜山漢城。朝鮮王出奔平壤。後走義州。不得已求救於明。明以主國關係、出師援之。終為所大敗。傾海內全力。合朝鮮通國之衆。悉行委棄。舉國嗟恨。然無如之何也。直至其關白豐臣秀吉死。日本乃罷兵。然自是財匱力疲。國益不支矣。

(三)權相 明代內臣之勢。以世宗朝爲最甚。張璁桂萼專橫於前。嚴嵩父子恣肆於後。排斥異己。舉朝側目。賄賂公行。天下騷然。

(四)閹禍 太祖鑒歷代覆轍。豫嚴宦官之禁。及成祖攻陷南京。深得宦寺之內應。因加重任。凡內臣出鎭。奉使異域。無不作俑。於是時。且黃儼幾危儲貳。馬麒致亂安南。蓋禍端已著矣。至英宗寵任王振。而宦官之勢燄益盛。其後汪直劉瑾之徒。相繼用事。至魏忠賢擅作威福。更無所顧忌。車馬侍從。僭擬乘輿。博擊善類。士夫喪氣。而明社遂墟。明代因宦官專恣而人民被擾最甚者有二事。

1 採礦之弊 採鑛、富國利民之政也。而明之國計民生因此凋弊。神宗以年年用兵。國儲告匱。有請開礦資助者。於是遣中使四出開採。不諳礦脈。往往無所得。悉勒代價。乘勢横索。有司稍忤意。輒劾其阻撓。逮治。富豪巨族。誣以盜。良田美宅。妄稱下有礦苗。苛索騷擾。無所不至。天下苦之。

2 徵稅之弊　徵稅所以裕國用。而納稅亦國民應盡之義務也。乃明之徵稅。國用未裕。而民先以困。各省徧置稅使。都邑關津。中使棊布。納奸民爲爪牙。窮鄉僻塢。米鹽雞豕。皆有稅。又開皇店於各省。中人之家。大半殘破。貂璫所至。有司股慄。謗書一聞。收繫立至。士民囚繫者。不可勝紀。

按萬歷中葉。君臣泄沓。紀綱陵替。財用日困。武備日媮。天下已有必亡之勢。然苟非礦稅之舉。重擾生民。盜賊之興。猶未若是之速也。

（五）**黨爭** 明制、百僚布衣皆許上書言事。故雖英憲以降。宦官權相遞竊魁柄。而抗論時政得失者猶夥。兼以其時士夫沐薛（瑄）胡（居仁）陳（獻章）王（守仁）諸大儒之教澤。競尚理學。士氣頗盛。神宗朝小人與名節之士爲仇讎。邪黨滋蔓。在廷正類不勝憤激。門戶之禍大起。吏部郎中顧憲成以忤旨削籍歸。既廢而名益高。里故有東林書院（宋楊時講學處在今無錫）乃與弟允成倡修之。偕同志高攀龍講學其中。海內聞風景附。往往諷議朝政。裁量人物。朝士慕之。亦遙相應和。由是東林大著。而忌者亦多。其後孫丕揚、鄒元標、趙南星等相繼講學。自負氣節。與政府相抗。是爲東林黨議之始。時廷臣黨勢日盛。湯賓尹（宣城人）顧天埈（崑山人）各結黨干政。謂之宣崑黨。而言路又有齊楚浙三黨。與宣崑黨聲勢相倚。並以攻東林排異己爲己任。及魏忠賢用事。諸非東林黨爭附之。借其力以鋤異己。東林黨或殺或逐。爲之一空。魏忠賢之勢愈張。中外大權悉歸其手。紀綱大壞。廉恥道喪。內憂外患乘之並起。明社以墟。

明因以上種種原因。國事敗壞。而內憂以起。如流寇李自成張獻忠等是也。因流寇蜂起。於是外患乘隙而入。卽滿人是也。流寇起。明人不能除。而滿人代除之。滿人入關。而明室亡矣。

自太祖開國。首重儒學。開一代尚文之風。其學術乃有進步。以視遼金蒙古人入主中原時。實可謂漢族文化再興時代。茲述其學術之著者如左。

（二）**哲學**。　明初諸儒。皆朱子門人之支流餘裔。師承有自。矩矱秩然。其後乃各分門戶。究其大要。不出河東姚江兩派。兩派概根源於朱陸同異之辯。河東派主朱說。姚江派主陸說。

1 **河東派**　是派篤守程朱。以薛瑄爲宗。瑄字德溫。山西河津人。能作詩賦。講張周程朱之學。視學山東首以朱子白鹿洞學規開示學者。其修己教人。以復性爲主。四方學者從之甚衆。瑄學貴踐履。嘗曰自考亭以還。道以大明。無煩著作。直須躬行。晚年玩心高明。默契甚妙。有不言而悟者。所著讀書錄皆平易簡切。可傳而頌焉。

同時有吳與弼。亦篤守程朱之說。其爲學在涵養性情。而以克己安貧爲實地。遂演爲崇仁一派。門人最著者爲胡居仁、陳獻章。居仁不背師說。獻章之學以靜爲主。以忘己爲大。以無欲爲至。其教人不立語言文字。而以至誠動人。其教學者但令端坐澄心。於靜中養出端倪。遂爲姚江派之先導。

2 **姚江派** 是派以王守仁爲宗。守仁字伯安。浙江餘姚人。文武兼長。有志聖學。曾築室陽明洞中。泛濫二氏學數年。無所得。及謫龍場。日繹舊聞。忽悟格物致知。當求諸心。不當求諸物。喟然曰道在是矣。學者稱陽明先生。其爲教專以致良知爲主。謂周程二子後。惟象山簡易直捷接孟氏之傳。以宋學流於形式而排斥之。謂朱子集注或問之類。乃中年未定之書。其指示學者輒提四語爲教法。曰無善無惡心之體。有善有惡意之動。知善知惡是良知。爲善去惡是格物。學者翕然從之。門徒遍天下。遂令一代氣節蔚爲史光。此東林諸賢皆陽明學所孕育者也。惟姚江之學因王艮王畿而風行天下。亦因艮畿而失其傳。艮畿時時不滿其師說。益啓瞿曇之蠹。而師歸之。姚江之派遂流爲禪學。蓋姚江之有泰州龍溪。猶象山之有慈湖也。

以是知河東之學。以治心性爲教。守程朱之說也。姚江之學。以致良知爲教。本象山之說也。及顧憲成講學東林。門戶之爭益甚。

（二）文學　元末文人以吳萊、柳貫、黃溍爲一朝之後勁。明初宋濂從萊學。

既又學於貫與緡。故其文雍容渾穆。具有根柢。劉基氣浩大而奇特。與濂並爲一代之宗。方孝孺受業於濂。努力繼之。然較其品格。終如蘇之於歐。王褘氣象沈雄。後乃渾然天成。條理不爽。永宣以還。楊士奇楊榮以沖淡迤邐。演爲台閣體。餘波所盪。流爲膚廓。宏正之間。李東陽出入宋元。溯源唐代。擅聲館閣。不愧作家。而李夢陽何景明昌言復古。談文學者咸宗之。明之文章至是一變。嘉靖時王愼中、唐順之輩。宗法歐曾。李攀龍、王世貞輩祖述秦漢。而其體再變。歸有光當王李燄熾之時。以司馬歐陽自命。與其二三弟子講於荒江老屋之中。力排其說。至詆世貞爲庸妄巨子。而其體三變。袁宏道、鍾惺、譚友之屬起。亦力排王李。而王李之派遂衰。然不免傷於纖仄。究不及熙甫之純正。啓禎時錢謙益、艾南英。準北宋之矩矱。張溥、陳子龍。擷東漢之芳華。而其體又四變矣。若于謙、楊繼盛、熊廷弼、孫承宗、劉宗周、黃道周、虞象昇、倪文璐、史可法等。雖不藉文字以傳。而讀其奏疏。忠義之氣。溢於言外。不當僅以文字論。即以文字論。亦天地間之至文也。成化以後。又有八股文。至天啓崇禎時。金聲、陳子龍、黃淳耀、項煜出。新造益精矣。

明代以詩名者。明初有劉基。高啓繼之。長於七古七律。與徐賁、張羽。共稱四傑。其後楊士琦之台閣體出而漸衰。李東陽、李夢陽力摹盛唐以矯其失。而詩道始復振。較之宋元。似爲勝之。餘如楊愼之才華。薛蕙之雅正。亦一時之俊也。至鍾惺、譚元春等以幽深孤峭爲主。而詩道又衰矣。

(三)經學　明初太祖定制。以易、詩、書、禮記、春秋爲五經。以大學、中庸、論語、孟子爲四書。其解經。易用朱熹本義。詩亦用朱熹集註。書用蔡沈集說。禮記用陳澔集說。春秋用胡安國傳。四書俱用朱熹集註。已又頒十三經註疏於學宮。蓋註多本於漢晉。疏則唐諸儒爲之。永樂中又詔儒臣纂四書五經大義。則兼採諸家之說。以爲本註羽翼者也。尋亦頒學宮。令師生講而習之。務明經指。蓋不欲專己守殘以誤來學耳。然而明代取士。以經義爲先。其應試之文。咸主程朱立說。不得出其範圍。故經學非兩漢之專精。性理襲宋儒之糟粕。未始非缺憾也。

(四)史學　明修元史。以宋濂王禕一代名儒。佐以汪克寬、趙汸、陳基、貝瓊、高啓諸人之文章經術。宜其陵軼前人。乃銘制之文。不知芟刪。案牘之文。失於剪裁。一人列爲兩傳。順帝時事不詳。疏略紕繆。反居諸史之下。無他迫於時日故也。而陳邦瞻之元史紀事本末。病亦在略。不及宋史紀事本末之賅博云。

(五)醫學　明初承元代重醫學之後。故著名者甚衆。若呂復、王履、戴思恭等。於醫術多所發明。神宗時有李時珍者。病本草之繁雜。窮搜博采。別成一書。名曰本草綱目。爲醫門之大觀。神宗命刊其書於天下。後世醫家多宗之。

（六）曆算　泰西推測之術。算數之學。大見採用。自明代始。明初用大統曆。則劉基所進也。其後太祖以西域人推測天象至精密。詔譯其書。而兼置回回司天監。神宗時意大利人利瑪竇東來。著乾坤體儀及天學初函等書。徐光啓、李之藻從之受學而力薦之。光啓從之譯幾何原本測量法義諸書行世。於是西法始萌芽。光啓又引歐人龍華民、鄧玉函、熊之拔、陽瑪諾等從事改訂。熊之拔著有簡平儀說。陽瑪諾著有天文略。龍華民與光啓合撰新法算書。均能發明新理。後鄧玉函卒。光啓又徵湯若望、羅雅谷等譯崇禎曆書百餘卷。迄今言西學者必祖光啓焉。

（七）音樂　明太祖時。欲起雅樂。乃命諸功臣等相繼考定。然皆不能復古音。至成祖時。亦問黃鐘之律。而在廷諸臣無能言者。故明初樂統中絕。其後英景憲孝之世。樂器雖設。祗屬具文。皆襲前代之舊。研精之士希焉。自利瑪竇東來。歐洲之樂乃傳中土。然亦僅識異聞而已。其傳固未普焉。蓋明時因漢唐宋元之舊。稍異其名。聲容之次第。器數之繁縟。雖有可觀。然不免雅俗雜出。

（八）書法　明代書法最著者。前有解縉。後有文徵明。最後有董其昌。縉書善用正鋒。不免惡札之譏。徵明時出偏鋒。彌增恣媚。其昌爲江蘇華亭人。號香光居士。其書自謂過於趙孟頫。清康熙帝喜習其書。廣事搜羅。故益爲世所珍重。

（九）繪畫　明初有王冕、王履之徒。均以畫著名。後有沈周。尤稱高手。世號石田先生。山水花卉。各極其妙。同時有唐寅、文徵明等。寅字伯虎。亦號六如。其畫沉鬱奇峭。獨出冠時。徵明畫能兼趙孟頫、倪瓚、黃公望各體。陳獻章爲理學名家。畫筆亦遒勁可喜。有關思者。以山水著名。董其昌畫學宋人。自謂與文徵明各有短長。精工不如徵明。而古秀勝之。其山水樹石稱明末之冠。

明之學術固遠勝元代。卽宗教思想亦不弱于元。蓋蒙古人所重者爲佛教。而明代信之尤甚。元代基督教漸傳播。而明代輸入尤多。他若道教回教。元代所行。明代亦無不興。惟其迷信過深。流於惑妄。未能於教義、教理及教之精神有所領悟也。

（一）佛教　明太祖微時嘗爲僧。及有天下。選高僧使侍諸王。並招徠番僧。授以封號。至成祖兼崇其教。加以哈立麻本號。使總領天下佛教。又詔南北二京刻其藏經。故明代有南北二藏。其時禪師僧官不可勝數。宣宗時番僧則久留京師。耗費益甚。景帝時所封番僧極多。武宗尤好佛。於佛經番語無不通曉。自稱大慶法王。命所司鑄金印以進。是爲佛教最盛時代。殆世宗崇信道教。而佛教始衰。

(二)道教　明太祖以道陵四十六世孫正常爲正一眞人。正常五傳至元吉。性凶頑貪淫無道。憲宗怒廢爲庶人。擇其族人元慶嗣。嘉靖末其孫承緒卒。無子。以其宗人國禪爲上清觀提點。去其封號。萬曆時仍復故封。終明世不替。而當時好道教者莫如世宗。各處建醮。連日夜不絕。尊禮道士。至授官少師。以四字謚者。而帝亦不御萬幾。嚴嵩因之擅權。逮穆宗立。乃貶斥方士。道教以衰。

(三)回教　自元崇回教。其勢東漸。至明代盛流行於中國之西部。有和卓木者尤得尊信。其後踰葱嶺傳布其教於天山南路。延及陜甘之地。

（四）天主教　基督教有二。曰天主舊教也。曰耶穌新教也。明代基督教之輸入者爲天主教。萬曆間意大利人利瑪竇 Ricci Matteo 至廣東入南京。設天主教堂於上海。至二十八年始與其友龐迪峨 Pantoja Didaco de 來北京。獻方物及基督教畫像。神宗禮遇之。時 Schall adam 湯若望亦東來。明廷使訂曆法。朝臣徐光啓、李之藻輩皆服習西人之說。折節與游。其教大行。迄於明末。信徒數千。中有宗室四人。內官十四人。顯官十四人。其播教之盛。固不待今日也。

明代以享國年久。政府亦注意民生利病。其人民之生業。視前代爲發達。分述如左。

（一）農業　太祖起自田間。備嘗艱苦。頗注意農事。歷代君主亦皆以是爲急務。故農政之善者頗多。

1 勤農　太祖躬耕籍田。命有司考課必書農桑之績。遣監生督修農田水利。孝宗銳意圖治。農桑不輟。思宗時以蔡懋德爲山西巡撫。頒勸農條例十二事。

2 農官　太祖設營田司。憲宗設煩劇州縣判丞官一員。專督農事。

3 農具　惠帝命寶源局鑄農器給山東等諸被兵處。

4 農書　徐光啓撰農政全書六十卷。西洋稱之。

農政雖善。而人民失業。流賊仍遍天下。其故在長吏撫馭無方。農書未見施行。而擾民之事。亦時有焉。其最足病民者有三事。

1 漕運　效元代漕運之法。終與民隔閡不相關切。

2 均田賦　太祖設糧長。惠帝均田賦。迹近苛斂。

3 課·麻·棉·　太祖令民栽桑麻木棉各半。准以棉布折米。而麻棉乃徵稅矣。

(二)工·業·　明初國力富厚。工業以興。中葉以降。內外交迫。工亦不振。其間工業之足述者如次。

1 工·場·　兩京織染內外皆置局。蘇、浙、皖、蜀、閩產絲地。亦皆置局織造。又如儀、眞、六合置藍靛所。陝西設官監督毛織品。此外磁器則臨清、京師、蘇州、饒州。皆設廠燒造。景泰磁尤有名。

2 建·築·　慈慶、慈甯宮殿之著者也。神樂、僊都、道觀之著者也。通州之白河橋、富河橋。宣宗時所修也。又二十里有歇馬亭。六十里有驛。是路政之工程亦頗講求。

3 造·舟·　成祖時鄭和航海。造大船修四十四丈。廣十八丈者六十有二。

則亦海運進步之徵也。

4 新工業。 自基督教傳入中國。工業知識亦隨之進步。如天文儀器、測高器。望遠鏡、自鳴鐘、時刻錶、軍用礮火。亦能傳自外洋。故明代工業不可不謂退化中之進化也。

(三)商業 明之商業。以國內貿易與國外貿易較。則國內不如國外之盛也。分述其概要如左。

1 國內貿易 明太祖定鼎後。整理商政。故洪武之間。商人樂業。稍得自由。而貿易之精神亦浸以活潑。惟永樂以後。則商民日困。商事日衰。其故在商稅過苛也。自永樂初內使採辦。動擾商民。而歷世弊政卒不可革。其時關稅增加。除農具書籍不稅外。餘皆課稅三十之一。宣宗設鈔關。課船所載貨物之稅。商賈頗爲困難。且其幣制亦復不良。

2 幣制　明初以用鈔省便。造大明寶鈔。凡六等。百文以下則用銅錢。僞造鈔者斬。告捕者賞。又造小鈔以便民用。制非不善。惟其後成爲不兌換之紙幣。而信用頓失。若錢則代有鼓鑄。嘉靖所鑄之錢。最爲精工。前代之錢。亦通行不廢。自天啓崇禎廣置錢局。括古錢以充廢銅。而古錢遂擯廢不用矣。

3 國外貿易　明於甯波、泉州、廣州置市舶司。沿邊有馬市。未世與滿清交涉頻繁。亦開關互市。而中葉以後。歐人來者日多。國外貿易之面目一新。

4 歐人東來　明代中外之交通漸趨繁盛。歐州各國人之來者甚多。茲依其先後列舉之。

a 葡人之東來　葡人於西紀一四九八年（明弘治一一年）週迴非洲

之南端。發見印度航路後。乃取印度之果阿 Goa 爲根據地。自此東行歷南洋羣島至我國之澳門。占東洋貿易之權。澳門之租與葡國自此始。中國之有租界亦自此始。

b **西班牙人之東來** 西班牙人之發現美洲取墨西哥地後。航太平洋取菲律賓羣島。遂遣使如明求通商。然爲葡人所阻。而墨西哥銀幣因得間接輸入中國。是爲外國銀幣流行內地之始。

c **荷蘭人之東來** 荷蘭人於明萬曆間。在南洋之爪哇 Javo 建巴布菲亞市。Botavia 漸奪葡人之勢力。後又占台灣地。與我國通商。亦爲葡人所妨。爾後惟與日本通商漸增勢力。

d **英人之東來** 英於明神宗時從事東洋貿易。惟與吾國之通商妨於葡人。與南洋即日本之通商。不敵荷蘭。遂專力經營印度。

明之政治尚嚴峻。學術重性理。權臣奄宦又復專橫於其間。以是民風士氣之變化極大。茲述其社會之狀態如左。

(一)嚴刻之結果　太祖懲元政廢弛。專尚嚴治。待大臣尤無禮。其最惡者爲廷杖。直視臣下如牛馬。如奴隸。在朝廷以爲大辱。社會則轉欽受刑者之耿介。節義。而以爲至榮。故刻苦堅卓之風。在明代爲最盛。

(二)權臣奄宦專橫之影響　權臣如嚴氏。奄宦如魏忠賢。皆專橫達於極點。以故官方敗壞。仕宦驕恣。加以世運昇平。才士於以傲誕。勢豪恣肆。小民被其淩虐。部民頌德。貪官轉能文過。他若民喜詞訟。百端傾陷。吏通賄賂。莫辨是非。紀綱敗壞。於斯爲盛。皆小人道長。政治不清之故也。

(三)理學之功　中葉以還。風俗頹敗。道德淪喪。所賴薛王諸大儒維持風化。士氣爲之一振。雖當奄宦氣燄方熾之時。而東林黨不避艱險。直與東漢太學諸生若出一轍。然而峻門戶。重意氣。明社之屋。未始不基於此也。

（四）褒重節義之效　明太祖首褒余壽以作忠義之氣。建文之變。羣臣不憚膏鼎鑊滅姻族以與成祖抗。足知人心天性之不泯。迨莊烈之朝。內外諸臣或殞封疆。或致命闕下。蹈死如歸。民間因與清抗而被害者尤衆。至史可法殉難一節。千古流芳。猶有生氣焉。

第十二章　滿人入關與中國文化

自滿人入主中原。舉中國之內政、外交、學術、宗教、社會、民俗。皆由是變遷。亦中國近代史上之奇局也。溯本窮源。當先述其種族之起源及其勃興之原因。

（一）滿族之起源　滿洲之民族出自靺鞨部。古肅愼地。本游牧之民。女眞卽是族也。入中國改號曰金。金亡後。遺族散居混同江南北。元明兩朝權力所不及。清之先卽金之別部。故又稱滿清曰後金。其先布庫里雍愼者。始建國於長白山東南鄂謨輝之野。居鄂多里城。（敦化縣）其後世姓愛新覺羅氏。滿語謂金曰愛新。可爲金源同派之證。至肇祖始徙居赫圖阿拉。（興京）肇祖四世孫爲興祖。興祖子景祖。多材智。征鄰近諸部。拓地漸廣。景祖子爲顯祖。顯祖長子爲太祖。盡併滿洲諸部。後收察哈爾部落。得元人傳國璽。建國號曰大清。太祖子太宗乃大舉伐明。先後得遼東遼西地。遷都奉天。（瀋陽）太宗子世祖嗣位。與明軍相持於山海關。明將吳三桂因李自成陷京師。開關乞援。於是清軍入山海關。逐李自成。除張獻忠。轉南下以次翦滅明裔。而中國遂入於滿清。

（二）滿人勃興之原因　太祖每有征伐。與諸貝勒適野而謀。畫地而議。上馬而傳令。兵機神速。故所向克捷。以八旗編丁。無事耕獵。有事徵調。戰勝分俘受賞。通國皆兵。而無養兵之費。故用無不給。設五大臣議政。十大臣理事。令簡而速。故事無不舉。太宗申明軍律。法不貸親貴。恩不遺疏賤。故人各盡其力。世祖繼其業而一統之功乃成。

滿人既爲游牧民族。而其起也又專尚武力。其人極粗野。兹就其入關以前之狀況。略述之

（一）八旗制　滿人依軍制立國。其初設國旗。分黃、紅、藍、白四色。尋添設四旗。黃白者鑲以紅。紅者鑲以白。其兵制每三百人設一牛彔額眞。（卽佐領）五牛彔額眞設一甲剌額眞。（卽參領）五甲剌額眞設一固山額眞。（卽都統）每固山額眞左右設兩梅勒額眞。（卽副都統）其行軍時。地廣則八旗排列。分行八路。地狹則合行一路。不得亂其節次。別有精騎以備緩急。太祖時有兵法書。今不傳。

(二)文字之創制。　女眞字至金亡已失其勢力。普通用蒙古字。太祖以統率部衆必須文字。卽開通民智、亦非文字不可。乃命額爾德尼巴克什及噶蓋扎爾克齊用蒙古字合滿洲語。創制國書。至太宗時有著名之語學者達海出。一一加以整理。遂成今日之滿洲文字。

(三)滿洲之風俗。　民智質陋。其吉凶禍福悉委之於薩滿。(女巫)然其祀馬神、貂神、及中國之關帝。無强國之宗教。其智識之低下可知也。

(四)奉喇嘛教。　喇嘛教輸入滿洲。約在太祖時。而宣傳則在太宗時。與西藏教主達賴間每通國書。且有法師來滿洲。其人之東來者甚多。滿人所以信仰之者。乃懷柔蒙古之手段也。

(五)編國史。　太宗注意於國史之編纂。國史始用國語。卽滿洲文字。有滿洲實錄八册傳之弈世。以示子孫毋忘開創之艱難也。

（六）定官制　設文館爲行政最高機關。內分三院，一內閣史院。掌編撰。二內祕書院。掌文書。三內弘文院。掌出納之命。後亦設吏、戶、禮、兵、刑、工六部。然實際之政權則掌握於文館。

（七）招徠漢人　太宗欲得漢人之歡心。限制奴隸之數。（太祖時以漢人爲奴隸）舉行儒生考試。任以官吏。其實非誠意也。

（八）保存國語國俗　漢人因其招徠。歸附滿洲者日衆。而滿人不悅與之同化。太宗甚憂之。乃諭人民保存國語國俗。引周世宗爲模範。因此固守國俗保存國語。凡本教之設施。不出此根本之思想。此清代文化之所由與明代分岐也。

自世祖入關以後。累朝專以武力統一中國。威服四鄰。于是舉中國本部及滿蒙回海藏全入版圖。使朝鮮、安南、琉球、暹羅、緬甸、尼泊爾、不丹、錫金等國悉隸藩屬疆域之廣。聲威之遠。爲前代所罕有。誠可謂極盛矣。獨惜其制馭中國之政策。過於專制耳。專制之禍。雖不自清始。而清則變本加厲也。彼色目南人之見解。金元蒙古已開其先。逮滿人席捲宇內。以兵力法制相陵駕。務摧鋤豪傑而使之帖然。其平定中原也。所至殘殺。至如吳三桂、尙可喜、耿精忠等桀驁之徒。更不容于專制政體之下。清室既肆行其專制政策。於是漢人排滿之思想日亟。而清室防漢之手段益嚴。

（一）漢人排滿之思想　明室雖亡。而明之故老遺舊、忠臣義士、莫不惓惓于故國。如黃黎洲、顧亭林等。皆有極端之民族思想者也。其他強有力者則奔走呼號。力圖恢復。未嘗稍懈。以故福王、唐王、桂王、魯王、相繼擁立。雖大勢既去。終歸失敗。而其忠義奮發之精神。凜凜有生氣焉。就中尤爲中外人所敬仰者。則鄭成功之據台灣也。

(1)**鄭成功據台灣**　台灣本荒島。明以前不與中國交通。初爲生番所居。繼爲荷蘭人所據。而土壤腴沃。耕植未興。民俗野蠻。教化未起。蓋純然爲原始人類之狀況也。其能首先開闢斯地者爲鄭成功。成功福建泉州人。素以恢復明室爲志。恃廈門爲根據地。擁明裔魯王以海。乘清軍有事雲南。乃奪台灣於荷蘭人之手。率漳泉人往居之。定官制。興學校。訂法律。開屯墾。招致明之宗室遺老。奉明正朔。使荒僻之島嶼一變而爲文明之獨立國家。成功亦漢族中之人傑矣哉。成功歿。傳子經及孫克塽。清聖祖命師屢征。終以國小勢孤而亡。無如清室得之不能守。轉而見奪于日人。惜哉。

(2)**文字之獄**　海人日以防漢爲事。凡漢人之言論思想。均失其自由。繼計清初文字之獄。凡歷三朝。康熙朝有莊廷鑨之明史獄。戴名世之文集獄。雍正朝有查嗣廷之試題獄。陸生枬之論史獄。謝濟世之經注獄。曾靜呂留良之文評獄。乾隆朝有胡中藻之詩鈔獄。王錫侯之字書獄。此外比附妖言、告訐詩文之事。紛然繼作。如陳鵬年作游虎邱詩。幾致不免。沈歸愚錄黑牡丹詩。身後戮尸。凡若此者不勝枚舉。無非於文字中吹毛求疵。誣以大逆。陷以重罪也。

滿人因漢人反抗。日事防範。遂使一代文化。不能出專制政治之範圍。然而論前清之盛世。終推康熙雍正乾隆三朝。更分述其政術之有關文化者如左。

(一)**康熙之政術**　聖祖以守成而兼開創。其所行政術。為一代文化之準繩。

1 **獎勵文學**　聖祖以漢人往往借文字發抒意見。譏切清廷。乃以文治上之專制。束縛言論思想。俾不軼乎軌範。始令漢人整理漢文。陽示尊崇。陰謀箝制。因多取詞藻華贍、義理謹飭、考据淵博之文、以爲標榜。而敎實學、好直言者、轉歸淘汰。

2 表章理學　宋儒理學本主束縛。確與帝之宗旨相合。以故竭力表章。隱示人以趨向。故宋學昌明。世風醇正。實爲聖祖利用理學之効果。

3 南巡治河　帝以中國人情風土向所未悉。禍亂甫平。人心向背不可不知。故託言欲周知地方風俗、小民生計。且以黃河屢次衝決。久爲民患。必親履其地。相度形勢。察視堤工。以故屢次南巡。

4 減輕租賦　明時有戶口之稅。清初亦沿用之。及康熙時承平日久。滋生日繁。民間多匿而不報。故戶口冊皆非實數。聖祖諭大學士等以錢糧清冊內有名丁數。嗣後弗增弗減。永爲定額。設有滋生人丁。永不加賦。是亦籠絡漢人之一道也。

（二）雍正之政術　世宗神武英明。上躋康熙。下起乾隆。可稱清初令主。一時善政頗多。然承吏風玩愒之後。法律務深刻。未免矯枉過正。爲世人所詬詈。

1 獨攬政權　世宗以通政司職權太重。專設奏事人員。直達御前。以議政諸臣不諳國務。內閣在太和門外。恐洩軍機。乃設軍機處於隆宗門內。由是通政司爲閒曹。內閣之任遂輕。而議政之弊亦革。

2 裁制貴族　承平日久。諸王習于驕汰。御下多不法。世宗知其弊。禁宗藩與外吏交通。又削減其兵衛。自是諸王皆懍然奉法。

3 教育八旗子弟　八旗子弟以無教育。故往往挾親貴之勢。恣爲威福。世宗特設學校以教育之。八旗文學教育之發達。實始于此。

4 剷除奴隸階級　明代山西有樂籍。浙江有惰民。甯國府有世僕。蘇州有丐戶。贛浙閩有棚民。廣東有蛋戶。皆當時執賤役爲平民所不齒者。至是皆廢除舊籍。例如編氓。一視同仁焉。

5 **減田賦**　前明虐政清初猶有存者。江南之蘇松。浙江之嘉湖。賦額特重。帝始減之。而四府之民困一蘇。

6 **禁止朋黨**　帝欲令輿論所是非與朝廷所賞罰相爲一致。特製朋黨論。力駁宋歐陽修君子有朋之說。頒示諸臣。又以言路紛爭。實羣臣朋黨之代表。故於言官陳白多所注意。特命六科給事中改隸都察院以抑之。由是言路壅滯。唯呵成風。繼又興文字獄以箝制言論。束縛士林。與秦皇之坑儒無異矣。

7 **苗民改土歸流**　苗民當太古時原繁殖黃河長江之間。其後爲漢族所驅除。遂次第退處于南嶺及横斷山脈附近。以故川、廣、雲、貴間苗族雜居。為中央政府法令所不及。其民概轄於土司。土司即其世襲之酋長也。清初嘗負固不服。雍正時屢征乃定。從鄂爾泰議。改歸地方官管轄。其後更為之置碉堡。與屯田。卹流民。收苗械。又設書院義學以教苗民。為根本上之治理。由是苗民向化。嚮之梗頑不靈者。今乃與漢族同受政教。是則苗族文化發達之始也。

(三)乾隆之政術　康熙內治流于廢弛。雍正矯之以嚴。至於政令繁苛。高宗繼之。寬嚴並用。以示朝廷執中。復尚文學以柔士氣。

1 寬大之政　高宗即位。蠲免租賦。豁除賠累。增廣赦條。起用廢員。日下寬大之詔。

5 嚴峻之治　懲治一二玩法大臣。通飭地方官嚴禁四惡。(盜賊賭博打架娼妓)繼興文字之獄。忌諱繁多。

3 **尙文之效** 高宗性喜文學巡游所至輒有吟咏意以提倡士夫右文之習而柔其氣也故一方循康熙成例開第二次博學鴻詞科設四庫全書館以餉士林終帝之世文治燦然可觀。

4 **燬禁書** 帝以漢人每藉文學以發抒不平之氣殊關政體欲搜查犯禁之書一切付諸銷毀據兵部報告當時銷毀有二十四次五百三十八種共一萬三千八百六十二部嬴秦而後未有之浩刼也。

5 **保存國語** 帝患滿人感染漢習一面著作關於滿洲之文獻以見滿洲部族文化之久一面用滿文翻譯著名小說以保存其固有之語言文字皆恐失其樸實勇武之舊風也。

淸之國勢至乾隆而稱極盛惟其晚年徒以愛憎用事僉壬並進賄賂公行而亂象漸萌禍階以厲蓋亦盛極而衰之兆也其致禍肇亂之最大之原因則以

和珅用事故也。和珅出身微賤。詔諛得寵。高宗聰明爲所壅蔽。用爲宰相。黨羽徧中外。疆吏側目。事之貪風大熾。用事二十年。婪財至八萬萬之多。爲前代所僅見。及嘉慶時乃得罪。生民脂膏皆被吸收。天下因以困窮。自此內亂不絕。外患頻仍。國家遂入近世之危局矣。

康雍乾三代之政體。既如上述。其政治上種種制作。雖因襲明舊。然多參以滿人之國俗及種族之意見。實非明代之舊觀矣。茲述其政制之大略如左。

（一）官制．清初政治組織。大別爲三。

1 帝室部　宗人府、內務府、太常、光祿、太僕、鴻臚諸寺屬之。

2 中央部　內閣六部、都察、理藩、翰林院、及大理寺等屬之。與明代無異。惟大學士二人。滿漢各一人。六部尙書侍郎亦滿漢參半。而六部諸首席必以滿人居之。

3 地方部　順天設府尹。各省設巡撫。以統吏治軍政。合數省則置總督兼轄之。以役屬所管地方之文武。其下有布政使以掌民政。按察司以掌刑名。又其下有府、廳、州、縣。以治地方行政。其於要省則設都統、將軍。外藩則設辦事大臣。而皆以滿人爲之。

(十一)賦稅　清初賦量以地肥磽與丁貧富爲差。賦皆以銀。糧則各視所產以爲之制。田賦分二等。曰民田。曰屯田。皆分上中下三則。完納順治時定賦役全書。丁增而賦隨之。康熙時有永不加賦之詔。至雍正五年更併丁銀於地糧。而無業之民遂終身無納稅之義務。是亦清代寬政之一端也。田賦以外曰雜賦。雜賦云者如鹽稅、及魚、蘆、茶、礦、諸課與商家各項雜稅是也。

(十二)兵制　清初兵制大別爲二。

1 八旗兵　八旗兵者天子之親軍也。自開國之初。建旗辨色。世祖入關。以鑲黃、正黃、正白爲上三旗。餘爲下五旗。此外有蒙古八旗、漢軍八旗。無上下之分別。故凡二十四旗。其所隸屬各各不同。大抵未入關以前。專主征伐。後則主防衛京師及駐防全國各要地。

2 綠營兵　沿自前明。旗用綠色。以漢人充之。統以提鎮。鎮撫各省。仍受督撫節制。乾隆時川楚教匪之變。綠營多不可恃。後練團勇。其制爲募士民習戰守。以承綠營之乏。

(四)刑制　順治入關。命吳達開本明律參以滿制。爲大清律十卷頒之。雍正間頒直解三十卷。乾隆時大清律例成。律與例始合爲一集。其刑名有笞、杖、徒、流、死五等。罪重於杖者枷示之。流之外有充軍。罪重於充軍者。則發極邊給戍兵爲奴。死分絞斬。更有梟示、凌遲等刑。以處罪大惡極者。

（五）學制。清初學制大別爲六。一曰覺羅學。教覺羅子弟。二曰宗學。教宗室子弟。三曰官學。教八旗子弟。四曰國子學。教滿洲蒙古漢軍及各省之貢監生。五曰景山學。設於大內。教內府子弟。六曰咸安宮官學。教佐領官領下幼童及官學生中之俊秀者。六者皆特派大臣爲之管理。各省則有府、廳、州、縣之儒學。分設教授、學正、教諭、訓導等官。以爲之師。每歲由學正考取已習舉業之人。註于學籍。謂之入學。特具文而已。又有公立之書院。延聘先達爲之師。肄業者給以膏火。地方有義學。以課寒士子弟。此外私塾爲多。其學科大率以八股文爲主。間有尙考據詞章或算數者。

（六）選舉。清之選舉。沿襲明舊。循用科舉。由童生試於州縣府廳及學政。試中者爲入學生員。入學者有廩、增、附之別。再進者爲貢生。爲舉人。爲進士。與明代同。惟考試程式。初則八股文之外。尙有論、表、判、誥等。其後刪之。

而加以五言八韻之試帖詩一首。幷重書法。人爭驚之。皓首而不厭。不復知其他。錮蔽心思。束縛人才。誠中國衰弱之大原因也。此外有博學鴻詞科、孝廉方正科、經學直言科、山林隱逸科、孝子科。皆有明詔。而以博學鴻詞科恩遇最隆。有清一代詞章之盛。實受此科之影響也。

清初以種族之見。施專制之政。其提倡學術也。重在尊儒以柔士氣。尙文以錮民智。故當時士夫於政治思想、科學思想。皆未能發達。惟孜孜矻矻於儒學文藝之間。因之理性、經史、文章。皆有專精。茲略述如左。

（二）哲學。　宋明大儒程朱陸王諸家。倡導心性理氣之說。學者翕然從之。迨有明末造。學者多流爲空疏粗陋。於是清初諸儒起而振之。如孫夏峯、李二曲、呂留良等。扶持宋明舊學爲任。而黃棃洲、顧亭林、王船山、顏習齋、劉繼莊等。更倡實踐實用之學。以堅忍刻苦爲教旨。經世致用爲學說。尙武任俠爲精神。科學實驗爲憑藉。惜數君子抱殘守缺。皆先死巖穴。其統絕而不傳。其後理學諸家。則各分門戶。擧要有三。

1 程朱派 此派恪守程朱家法。純乎儒術。如張履祥、陸世儀、陸隴其、張伯行諸公是也。

2 陸王派 此派稟承陸王諸說。近乎禪理。如李中孚、李紱諸公是也。

3 調和派 此派兼宗陸王而不背於程朱者。孫奇逢、湯斌諸公是也。

(二)經學考据學 當時帝室方針。在緘天下學者之口。禁其煽動人民。以謀社會國家之安甯。大獎文學。開書館。網羅天下學者。編纂浩瀚之書籍。令天下學者日夕不遑。無暇恣其言論。所謂經學考据學是也。淸之攷據學。於漢宋以後之學術界。拓一勝境。不可謂無益于斯文。然國民生氣消耗殆盡。遂釀成今日不痛不癢痲木不仁之悲運。當時治經學者大別有二。

1 純粹的漢學派　專以漢學爲宗。如毛奇齡、惠棟、戴震等是也。

2 調和的漢學派　其義理以程朱學説爲本源。乃博采漢唐注疏以濟其用。如李光地、方苞、姚鼐等是也。

若論當時經學之先覺。顧武炎、閻若璩實導其先河。其後高郵王氏、嘉定錢氏。皆以經學鳴一時。漢學之盛。于斯爲極。

(三) 史學　清初史學之偉著。推明史爲第一。自康熙十七年使博學鴻詞諸臣分門纂述。至乾隆四年全書始成。歷年六十有一。經張玉書、陳廷敬、王鴻緒、張廷玉十數人編纂之力。始克竣事。此外如畢沅之著續資治通鑑。蔣良驥之編東華錄。則編年體也。馬驌之纂繹史。則紀事本末體也。能賜履之學統。則傳系體也。萬斯同之編歷代史表。齊召南之作帝王年表。

則年表體也。是皆史家參攷所必需者。

(四)文學

1 散文 清初散文以侯方域、魏禧、汪琬三家爲冠。厥後方苞崛起。桐城蔚爲宗派。方氏一傳爲劉大櫆。再傳爲姚鼐。鼐又傳之管同等。桐城派大盛。時楊湖惲敬張惠言亦多好爲古文之學。或又名之曰陽湖派。於是陽湖派又大盛。此外若汪中、包世臣、龔自珍所爲古文。亦頗殊異。惟不立宗派。

2 韻文 清初爲韵文學者。以錢謙益、吳偉業、王士禎、朱彝尊稱首。列於四子之外者。北有宋琬。南有施閏章。一時有北宋南施之目。乾隆之世袁枚、蔣士銓、趙翼三家繼起。各爲派別。厥後王文治、吳錫麟、張問陶輩。亦多有專集行世。

3 戲曲　清初之戲曲界。推吳偉業與尤侗。吳有秣陵秋。尤有鈞天樂。此外則李漁爲戲劇家。著十種曲。以曲文之華美著者。以洪昉思之長生殿傳奇、孔尙任之桃花扇傳奇爲最。

4 小說　淸初小說首推蒲松齡之聊齋志異。紀昀之閱微草堂筆記。亦仿其體也。趙雪芹之紅樓夢一書。影響于社會尤大。此書專寫上流社會之狀態。入細入微。文章又綺縟沈麗。爲極有名之小說也。此外批評小說家。則有金聖嘆。其所評之水滸、西廂記兩種。頗爲世俗傳誦。又三國演義。載金歎序文。有第一才子之目。

(五)歷算　世祖命湯若望、南懷仁同入欽天監。以西法造時憲書。頒行天下。楊光先首攻之。乃罷新法不用。然康熙時光先論閏法多不合。卒從南懷仁議。帝自此潛心天算。御製數理精蘊一書。甚爲可觀。其時歷法分三派。

1中法派　閻若璩、楊光先、孔廣森等是也。

2西法派　薛鳳祚、游藝、李光地等是也。

3中西調和派　王錫闡、梅文鼎、陳厚耀等是也。

（六）醫學　清代醫學亦多著名之士。若陳念祖着有醫書二十種。徐大椿著有醫書十三種。武之望著有濟陰綱目等書。李中梓著有醫家必讀及士材三書等。其治疾皆著奇効。是皆卓卓可傳者也。惟業此者多淺濫。不講實驗之法。以至日就衰下。

（七）書法　清以書取士。非工楷法者不得入詞林之選。故工書者特多。最著者有張照、劉墉、梁同書、王文治、翁方綱等。此外以篆書著名者有王澍、鄧石如等。以隸書著名者。有伊秉綬、錢泳等。又若鄭燮之書法。以隸楷行三體相參。古秀獨絕。金農之書法嚴重古樸。亦皆負盛名者也。

（八）繪畫　最著者有四王。王時敏、王鑑、王翬、王原祁也。吳歷、惲格亦以工畫名。格少學山水。見王石谷所畫。歎曰吾當讓彼。遂專工花卉。華嵒字秋岳。號新羅山人。以花鳥兼工山水人物。鄭燮工書。亦以蘭竹著名。

（九）音樂　康熙時著律呂正義。乾隆時著律呂正義後編。天子所奏之樂。有丹陛、導迎、鐃歌、凱旋、鼓吹等章。是時版圖遼闊。外樂之輸入者頗多。有四夷諸樂器圖說可考。

清初對於宗教。亦不取自由信仰之義。當時喇嘛教爲盛。佛教最衰。基督教則先寬後禁。道教次之。回教又次之。

（一）喇嘛教　喇嘛教自明代宗喀巴改良舊有之紅教。稱黃教。而喇嘛教遂分兩派。黃教勢特盛。清之取內外蒙古也。利用喇嘛教以收功。故信仰最深。康熙時于多倫諾爾建立彙宗寺。又于庫倫建慶甯寺。雍正時又於裏塘建立惠遠寺。乾隆時于熱河建立西藏式之扎什倫布廟及安遠寺。其駐錫北京旃檀寺之章嘉國師。以精通佛典。尤受乾隆帝之優禮。其車可出入東華門。其有名之漢滿蒙番四文之藏經。由乾隆帝印行。實國師之力爲多。清廷之優禮蒙古活佛、西藏活佛。亦不減于元世也。

(二)佛教　佛教衰于明。至清初益不振。乾隆時禁各省寺院頹敗者不許重修。且限男女出家。既出家而願還俗者聽之。僧徒不得度僧人爲徒。必年逾四十始許收徒一人。並設官專司檢察僧徒之責。禁止集衆募化。有罪歸地方官懲治。至是遂無聲氣。天台、華嚴、法相三宗。僅存典型而已。

(三)基督教　清初兵戈未定。基督教傳布事業。頗有所聞。前宣教師之在北方者。以歸命清朝。故得保其位置。湯若望又以歷學受世宗寵遇。掌欽天監事。尊爲道元教師。康熙間楊光先以上書攻擊西歷。罪至論死。是時南懷仁 Ferdinandus Verbiest 亦極得朝廷信用。是輩亦謹守利瑪竇遺法。不强使奉教者盡變中國習俗禮式。以故康熙初年天主教盛極一時。全國信徒不下數十萬人。惟布教師不守利瑪竇遺法者悉令出境。是爲中國反對基督教之始。自是更雍乾兩朝。政府益執嚴禁異教之方針。凡外國布教師。非以學術列仕籍者。不得留滯境內。犯禁者率處以禁錮或誅殛之刑。前後相較。其盛衰不同如此。

(四)道教　自明代道家藉術愚世。去教旨日遠。清初不甚崇信。龍虎山張眞人循舊敕封而已。北京有白雲觀。藏道書三千卷。朝廷別設道官以檢束道士。有罪歸地方官懲治。人民信之者亦少。

(五)回教　清初回教盛行于陝甘。南方濱海之地亦多有之。而新疆爲其根據地。往往稱兵內犯。乾隆之世。戡定準部。以其教徒生性多悍。於是編入八旗以籠絡之。惟清廷對新疆回漢兩族人民。不許私相往來。結婚尤所禁止。蓋亦種族之見也。

清初為閉關時代。不特其學術思想宗教思想皆取保守主義。即民間各種生業。亦因海禁未開之故。仍循舊式。不得謂為進步也。

（一）**農業** 世祖入關以後。軍事倥傯。未遑農政。世宗以降。疆宇大定。農政漸興。

1 **勸農** 清初令州縣以勸墾多寡為優劣。道府以督催勤惰為殿最。報墾者乃漸多。康熙時行獎官之法。雍正時下勸農之詔。可知於農業亦甚注重。

2 **墾荒** 清初版圖遼闊。偏僻之地。率多荒廢。清初疆臣孫士毅請行屯田法。鄂爾泰、楊應琚屢請開闢粵滇荒地。劉錦棠李銘安均于新疆著屯田之効。

3 水利　康熙時屢治河淮。雍正時怡賢親王總理畿輔營田水利。營成水田五千萬頃耕地既多。水利漸修。以故農產日蕃。乾隆之世。海內稱富庶焉。

(二) 工業　閉關時代之工業。槪襲明舊。且清初不脫塞外粗陋之習。歷代諸帝相戒奢華。故工業之發明品不多。

1 建築　清初宮殿仍明之舊。惟祀典所崇。立天壇太廟。此外園囿亭榭悉標勝槪。最著者如京師之暢春園、圓明園、(今改爲頤和園) 靜明園、靜宜園、及熱河之避暑山莊。

2 製造　大抵爲家內工藝。無工場之組織。其設官督治者。如蘇浙等處之織造府。江西景德鎭之御窰。皆專供帝室之用者也。他若北京之景泰藍銅器。安徽之徽墨。浙江之湖筆。廣東之風扇、家具、刺繡、草席、寶石、象片、紫檀器等。湖南之漆器。直隸浙江之染色。江蘇之漆器、棉布、刺繡、彫刻。長城沿邊之製皮、毛氈。直隸山東之草帽鞭。天津之泥塑人物。福建之漆器、竹器、雨傘等。四川江蘇浙江之綢緞。其餘各地之家常用品。多出自手工也。

（三）**商業**　滿淸未入關時。已與明人及朝鮮互市。既入關後。世祖從洪承疇言。嚴夷商入腹地之禁。遂成閉關時代之商業。然値世界商戰最烈之秋。亦有不能盡行禁止者。

1 **國內貿易**　淸初于國內貿易頗著重。康熙時革種種困商弊政。如罷抽稅譏敍例。禁各國苛索是也。乾隆承富庶之後。商業益興。其商況如左。

商場　各省通都大邑皆爲商民交易之所。其尤著者爲河南之朱仙鎭。江西之景德鎭。湖北之漢口鎭。廣東之佛山鎭。

商家　當時商家之富有資本者。推山西之票商揚州之鹽商。山西人之票號徧各省。資本動數百萬。操縱全國之金融。揚州之鹽商。資本所積亦不下百萬。兩淮鹽利多歸之。揚州市廛之繁盛。實受其賜也。

貨幣　清初銀兩與銅錢並行。蓋沿明舊也。太祖錢幣二品。一用滿文。一用漢文。世祖入關。大開鑄局。以足國用。鑄錢一品。曰順治通寶。雍正時酌輕重之中。以順治時所定每錢一文重一錢二分爲則。銅鉛各半。謂之黃錢。乾隆時改鑄青錢。以紅銅、白鉛、黑鉛、點錫調製。由是青錢行而黃錢廢。然青錢質雜而脆。不能久存。而局匠又偸減銅鉛。攙和沙子。

官鑄與私鑄無甚別異。錢法始壞。

權量衡　康熙時工部製營造尺鑄法馬及鐵升斗斛頒行各省。乾隆時又酌減改量權衡式制。飭有司造尺秤法馬斗斛頒行各省。列表刊布。俾衆周知。申明違式之禁。大淸會典乃合所定之式制而垂爲世法者也。惟會典所載度制權制量制。僅行之於在官者。而民間則仍從其舊。並未強使之同。以與各地不能一律。是亦一大缺點也。

2 國外貿易　西人之來吾華貿易。明代已開其端。淸初因之。西洋諸國在淸初屢遣使入覲。其通商以廣州爲沿海貿易唯一市場。然當時官民恆輕蔑西人。束縛其行爲。無對等之國交。西人常不滿意。感情遂漸相衝突。茲略述其概況。

與葡人之通商　葡人於明時租借澳門。得商業之根據地。其租銀自康熙三十年至乾隆五年。每歲六百兩。後改五百兩。凡澳門境有犯殺人罪時。華官得共同相驗。其僑商亦受官吏之監督保護。雍正四年。廣東吏要求葡官將出入外國船、及所屬國名、與其噸數隻數。凡往來之地。詳行報告。

與荷蘭人之通商。　荷人於明末據台灣。及清室入關。及遣使至北京覲世祖請互市。廷議許『荷蘭商船八歲一至。船數以四艘爲限。』後鄭成功據台灣。荷人被逐。康熙三年巴達菲亞 Batavia 總督復遣使至北京求擴張商務。終無所得而返。

與西班牙人通商。　西班牙人於明代據菲律賓羣島。欲至中國通商。先後爲葡人所阻。不達目的。然中國商人貿易於菲律賓者甚衆。馬尼剌遂爲兩國之互市場。

與俄羅斯人之通商。 明末以來。漸從事黑龍江侵略。康熙二十八年與俄結尼布楚條約。准『國境貿易』。雍正五年又訂恰克圖條約准俄國商隊三年一至北京。每隊限二百人。可駐京八十日。貨物免稅。自是俄人獲得通商特權矣。

與英吉利人之通商。 當鄭氏據台灣時。英人與台灣之平民及福建之廈門兩處通商。康熙十六年英欲於廈門建商館。未許。康熙四十年因英人苦心中請。得於河口通商。外更得在舟山貿易。後貿易日盛。清廷乃征稅。乾隆時又准免稅。然英商與中國官吏不絕齟齬。後之鴉片戰役。遠因始種於是歟。

與法蘭西人之通商。 法人當順治四年。粵督佟養甲言法人寓居澳門。與粵商互市於明季已有年所。後因深入省會。遂飭禁止。請嗣後仍准通市世祖從之。是為中法互市交涉之始。

(三)交通機關　清初交通機關未備。商業之不能振興。殆亦由此。其屬行政團範者。惟驛站、軍台、塘汛。專以供官用者也。

1驛站　多屬州縣管理。地當衝要。則設驛丞站官專司其事。受本省按察司或驛巡道之監督。

2口外軍台　以戍員管理之。受駐防大臣之監督。

3塘汛　汛官所管理。受本省提鎮之監督。

尋常公文每日行二驛或三驛。軍事則四驛或六驛。軍事奏捷則日行六驛甚至八驛。凡驛站、軍台塘汛向歸兵部職掌。

清初民氣亦大受專制政體之影響。迥非明舊。茲略述如左。

(一)民氣　明室既亡。漢人猶惓惓有故國之思。故殺身成仁。盡節蹈義之士。先後踵接。是蓋明季講學之効也。滿清入關。猜忌過甚。屢興文字之獄。民氣爲之挫折。凡爲士者。競趨利祿之途。以文字相標榜。以苞苴爲進身。國計民生皆非所顧及也。

（二）禮制· 漢滿蒙回藏各仍其俗。惟禁滿漢通好。及漢回通婚。蓋妨滿人受漢人之同化。慮回人爲漢人所鼓動。不外種族之見也。

（三）服飾· 滿清入關。卽令漢人改從滿人服飾。漢人因之反抗。其最反抗之點。卽辮髮之令也。漢人以束髮爲數千年之舊制。而滿人則以辮髮爲滿族之象徵。以漢人不易服飾。則形式上未能服從。精神上自不免歧異。乃强令薙髮。當時揭示江南者。有『留頭不留髮、留髮不留頭』之語。如江陰之虐殺、嘉定、揚州之屠城。皆此衝突之結果。近今辮髮雖去。而男女服飾仍滿清遺制也。

第十三章　政局劇變與現代文化之趨勢

自前清嘉道以來百餘年間政局大變動而新文化產生之時代也。其間可分之爲三時期。

1 嘉道兩朝爲宗教思想糅雜而發生教亂之時期。

2 自道光中葉迄光緒末年。爲排外思想激烈、而外力反動之時期。

3 自光緒末年迄今。爲政治思想發達而政局大變動之時期。

此三時期中。政治上、社會上、學術上、宗教上皆急劇變動。至其所以劇變之由。概有數端。

1 由專制過甚。國民覺悟。皆謀所以自衛。

2 由海洋大通。新思潮激蕩。有不可遏制之勢。

3由生齒滋繁。生活程度驟高。社會問題發生。

因此原因而生劇變。其結果之顯著者有四。

1外交上舉數千年來、岸然自大、夷視他國之陋見。開始廓除。

2政治界由專制而預備立憲、而銳進共和。創前古未有之局。

3與世界各國民族爲正式之交通。而極力吸收其文化。

4前之專以農業立國者。今乃並重工商。

劇變之原因結果既如上述。茲就劇變之三時期依次而考究其事蹟。

（一）宗教思想之糅雜　中國人民之信仰宗教。特藉以爲消災降福之途徑。不知教義之所在。黠桀之徒。因利用此種迷信以煽惑愚氓。加以國家治理之精神、與社會監督之能力、兩俱薄弱。故往往蟻聚釀成莫大之慘劇。且自明末以來。國人以民族上惡感。主張排斥滿人。因而祕密結社。借宗教迷信以爲反抗清廷之運動而教亂以起。

1 白蓮教匪　白蓮教倡自宋亡後之欒城韓山童。至元末韓林兒、明末王森。徐鴻儒等繼之。皆以焚香聚衆起兵，迄無成功。然徒侶甚衆。流傳漸廣。高宗時作亂。迄嘉慶四年始能戡定。勞師七載。蔓延五省。費餉二萬萬。殺傷數十萬。國家元氣大傷。

2 天理教匪　白蓮教依託二氏。造作經卷畫像。流布內地。多分支派。其傳習畿南一帶者。有八卦、榮華、紅陽、白易諸目。八卦黨徒尤衆。遍布直隸、河南、山東西等省。而河南滑縣李文成、直隸大興林清爲之魁。變名天理教。俟仁宗秋狩。聚衆破滑縣。戕滑令。復以黨三百餘人入內城。撲禁城。太監爲之內應。留守諸臣率兵入衞。帝聞變回蹕。擒林清。平餘黨。大亂乃定。

3 洪秀全建立基督教國　洪楊之亂至同治時始平。而舉發則在道光之世。是亂也爲近代內變之最大者。其起亂之原因有四。

1 鴉片一役。(詳後)情見勢絀。清廷失統治能力。

2 前此教徒旋起旋仆。清廷僅以誅戮示威。絕無改良求治之心。

3 連年凶歉。流亡相屬。迫而爲盜。

4 基督教之傳播。一時雖受法律上之制裁。而其教義已漸加入宗教社會之間。

洪秀全廣東花縣人。素信基督教。曾受美國宣教師羅布爾特 Isachar Raberts 爲天父。基督爲長子。而己爲弟。所至傳教。黨徒漸衆。由廣東而廣西。信徒有二千人。自是上帝教會在廣西之基礎漸次確立。因以道光二十年稱太平天國。號天王。由廣西而湖南、而湖北、而江西、而安徽、而江蘇。勢如破竹。直抵江甯而定都焉。秀全以一匹夫竟能橫行南國。其勢莫當者其故有三。

1 京旗綠營皆極腐敗不堪抵抗。

2 地方文武長官苟求恬嬉漫無準備。

3 南方承平已久。民不知兵。

秀全既定都之後。改江寧爲天京。恢清總督署爲宮殿。假定故家大宅爲諸王府。頗極侈麗。更置百官。立朝儀。其民政取男女平權。開科取士。分男女兩榜。制約法十事。大旨禁蓄妻、賣娼、弓足、奴隸等事。略似摩西十誡。號曰天條。犯者有誅。行西歷。讚美上帝。編軍制。以二十五人爲兩。兩有司馬。四兩爲卒。卒有長。五百爲旅。五旅爲師。有旅帥。師帥統之。五師爲軍。軍有軍帥。而總之以監軍。自監軍至兩司馬。皆有正副。又設軍政議事局。以天王自兼大元帥。規制秩然。儼然新國氣象。是時英國海軍艦長亦來覘盛況。大爲駭服。至稱秀全爲東方革命大家。秀全亦遣其弟仁玕賫書赴西洋以伸鄰誼。開國規模。蓋於斯時稱盛焉。其後分兵爲西北兩支。侵擾黃河流域。全國大震。各省年少、豪富志在排滿者。聞風響應。或贈以金錢。號曰進貢。以故朝野變色。居民皆震撼遷徙。或築巖塞自固。清廷官吏相率稱疾求去。滿淸之危亡若在旦夕。然而秀全之興也易。其敗也亦易。不數年淸兵大振。太平天國不復能抗。遂致一敗塗地。蓋亦有故。

1 秀全之健將爲林鳳祥。其北犯也兵敗被殺。

2 太平天國軍隊所過殘殺。人民認爲公敵。

3 諸王互相殘殺。內力不固。

4 秀全下長江時。未能乘勝北上。而建都江甯。失形勢之道。

5 士大夫既仕淸廷。多倡尊王主義。

6 曾國藩、左宗棠、胡林翼、彭玉麐、李鴻章等。皆近代經濟偉人。出而竭力助清。

7 太平天國所提倡之宗教及法制。多所不便。其他原因之小者概不備述。計此亂亘十五年。擾及十六省。屠城六百餘。兵燹瘡痍至今未復。秀全固亦華族中之梟桀也。

(二)排外思想之反動　道咸同先數十年間。外人挾其威力以脅迫我政府。蹂躪我人民。割地賠償。喪權辱國之事。痛不忍言。是無他。中國上下。昧於時勢。競相排外以招反動故也。茲更述其排外之原因如左。

1 自歐人發現新陸新航路。交通靈敏。大地縮短。世界大勢一變。而我尚持保守主義。鎖港政策。

2 吾國數千年國際之狀態。皆限於與鄰近小國相接觸。初無與海外諸强國爲國際交涉者。適足以長其自尊倨傲之風。

3 閉關時代鋪張盛典粉飾太平以夸耀外人及外人居中國久窺之已熟慮實畢呈情見勢絀而我不自知。

因此中國人之排外愈烈而外人之反抗亦愈甚戰禍相繼不絕中國地位乃有一落千丈之勢。然引起國人之排外思想亦自有故舉其重要事蹟有三一爲鴉片輸入問題一爲外人侵略一爲傳教問題。

(一)鴉片問題 此役爲中國國恥史中第一幕其關係於中國社會最大。茲分三部述之。

a 鴉片之輸入及禁止 鴉片之輸入遠在唐代至明代漸多華人謂之阿芙蓉實卽阿剌伯語 Afion 之譯音也初不過供醫藥之用後民間有用以吸食者清初輸入日甚至道光十六年增至二萬七千餘箱於人民之衛生上、道德上、事業上既大受影響而於國家經濟上亦蒙莫大之耗損。然而自雍正歷乾隆以迄嘉慶。亦嘗屢申嚴禁。迄無効果。考其故有四。

一、由民德墮落。誘入陷阱而不知覺悟。

二、由吏治窳敗。禁令爲官樣文章。甚至文武官弁互相狼狽。縱賄偸漏。

三、奸商嗜利。輾轉私運。

用是愈禁而輸入愈多。道光間鄂督林則徐上書。切言鴉片之害。略謂『煙不禁。則國日貧。民日弱。數十年後。非惟無可籌之餉。亦且無可用之兵。』宣宗韙之。遣赴廣東實行杜絕鴉片貿易策。計燬鴉片二萬二百餘箱。並訂新例。凡商船入口者均須具結。夾帶鴉片。船貨沒官。人卽正法。各國皆具結通商如舊。而英獨不遵。戰事乃起。

b 涉交之失敗　則徐以英人不從命。大治軍備。聲勢甚壯。英人不得逞。

遂犯各省。各省大吏諉過則徐。則徐罷職琦善代之，發一切軍備。英軍乃陷廣州。復移軍北犯江浙。威嚇清廷。清廷不得已決意議和而南京大失敗之條約以成。

c 鴉片問題失敗後之影響　戰事雖終。而影響於後世者至深且大。略述如左。

一、自此戰後。國勢之貧弱。軍政之腐敗。皆暴露於世界。世界各國皆以我爲易與。

二、開五口通商。割香港。賠款二千一百萬元。以後割地、賠款、迫開商埠皆於此時定其先例。

三、中英官員用同等交接禮。國際地位一時降下。寖假而外人專尙强權。且以不同等之禮對中國矣。

四、立約時於鴉片問題絕未有隻字抗論。爲莫大之失策。自後人民吸用之習蔓延。運銷之數日增。遂至公然弛禁。鴉片吸食之弊風。不啻爲法律所默許。流毒迄今未絕。

(二)**外人侵略**　自鴉片戰役以後。外力之侵入。幾如洪水猛獸。一發而不可復制。以是數與外人搆兵。而每戰必敗。每敗必喪失權利無算。其侵奪我屬國也。若安南、若緬甸、若琉球；若朝鮮。翹首望東南屏蔽無一存者。然猶以爲未足。再進而割據我領土。租借我海港。開放我內地。剝奪我治外法權。攫取我礦山鐵路。而我乃忍垢含羞。昧然放棄。卒不能出一策以相抵制。其失敗至此。蓋亦有故。

1 **放棄主權**　清室對於藩屬。惟利其朝貢。而於其內政外交不能措意。如安南於同治元年已與法直接訂約。而清廷未之知。緬甸既滅於英。

而清廷始提出抗議。琉球人被台灣人戕殺、而清廷默認日人有保護權。朝鮮內政日亂。黨爭日甚。而清廷不早爲之備。他若暹羅獨立。錫金滅亡、清廷皆置之不問。

2 **外交失策** 英法聯軍之役。既已搆和。而僧格林沁復開衅端。中法之役。馮子材大勝。而清廷忽與議和。和戰毫無定見也。

3 **海軍無實力** 英法聯軍及中法之役。固皆敗於海軍。即中日之役。以素有聲譽之北洋海軍。而亦不勝日軍之一擊。威海衛旅順口皆形勢險要。最易扼守之良港。而日人如入無人之境。

4 **土地不自經營** 旅大、威海、膠澳、廣州灣等、皆良港也。以不善自經營之故。被他人租借。滿洲、山東、滇桂等地之路礦。皆莫大之利源也。我國不自經營。他人起而代之。利權喪失。莫此爲甚。

國外人之侵略愈迫。國事之顛危愈甚。於是內政上國際上生種種之影響。

a 與各國對等交際　自北京協約以後。英國及歐洲各國皆派遣公使於北京。然當時關於捧呈國書及接見儀節。幾經交涉。迄未解決。蓋清廷原不欲以對等國使臣之禮待各國公使也。及同治即位。始接見各國公使。由是與各國爲對等之交際矣。

b 各國勢力範圍　外人洞察我國內政腐敗。軍備廢弛。教育不興。實業幼稚。將無以爲國。乃欲羣起而瓜分之。於是明定勢力範圍。迫我立某地不讓與他國之約。依當時形勢觀之。滿洲爲俄之勢力範圍。長江流域爲英之勢力範圍。山東將屬於德。兩廣雲南將屬於法。日本亦與我訂福建不租借割讓與他國之約。是乃瓜分之先兆也。

c 開放門戶　美國大總統麥荆來 Mckinley 默察列强利益之衝突。在在含伏中國問題。將不知所底止。乃超然以第三者之地位。謀世界公共之和平。於是各國以相互之利益爲相互之約束。從前對中國單獨之主義。一變爲列强統一合議之緩和運動。中國之保全、與商工業利益均沾之新局面。至此爲列國所公認。

3 **傳教問題** 基督教之東來也。其初上流社會入教者鮮。教民輒不齒於鄉里。迨鴉片戰役後。中國屢次失敗。教士於是挾其國勢以布教於中國。教民之無賴者。更藉教勢以凌虐同類。官吏畏葸。外人往往偏袒。寃抑平民。因此激成仇教巨案。法人以廣東教案而迫租廣州灣。德人以曹州教案而迫租膠州灣。此其特著者。他若湖北之南部。安徽之蕪湖。江蘇之丹徒。舒塘等處。動輒殺教士。毀教堂。雲南廣西等省。亦時有仇教行爲。教案一發。株及無辜。貧者殺身。富者破產。積憤既深。有觸即發。山東之拳匪乘民教積仇。中外積衅。假託義憤以倡亂也。其人名義和團。以扶清滅洋爲名。凡洋人、教民、及爲洋人服役、通洋語、用洋貨者。分別等差有十毛之目。遇之殺無赦。恣意刼掠。肆無忌憚。遂激成八國聯軍之禍。賠款至四萬萬兩。迄今爲累。大沽砲台永不復建。門戶洞開。各國擴充使館界址。駐兵自衛。常爲腹心之患。近世外交之失敗創鉅痛深者無有甚於此矣。

（三）**政治思想之發達**　自外交失敗以來。國勢顚危。士大夫漸知覺悟。謂非改革政治不可。其熱心愛國之志士。乃不惜奔走呼號。喚醒國民。以灌輸民知。激揚民氣爲已任。而政潮於以發生。當時感化力最者爲種種之學會。

1 **廣學會**　此會設於上海。爲英美名士丁韙良李佳白李提摩太等所組織。志在啓發中國之文化。輔翊中國之自强。極有功於中國。

2强學會　此會爲文廷式等所首倡。孫家鼐張之洞皆力爲贊助。而上海支部會員康有爲岑春煊張謇等皆有所盡力。

3保國會　康梁更改組保國會於北京。其宗旨在保國家之政權及土地。保民族之自主自立。保孔教之不墜。並講內治革新之宜與夫外交失敗之原因。

以上種種學會。純爲傳播新學說新知識之機關。初非有過激之思想也。其有過激之思想而帶有革命之采色者。則爲三合會、哥老會、中興會之祕密組織。

1三合會及哥老會　三合會起於上海。以太平軍不與聯絡。乃去而之海外。專以反清復明爲目的。同時長江流域有哥老會。竊向外國購買軍器。後事敗。首領被害者頗多。至清末乃與革命黨相交結。

2 中興會　此會首領爲孫文。糾合同志鼓吹革命主義。與三合會聯絡。乘中東事起。募兵購器。欲一舉而奪廣州。事敗。同志數人俱就擒。孫文逃海外。其名大著。

德宗固賢明之主也。外察大勢。內詢輿情。非改革不足以安內攘外。乃毅然變法自強。使得實行其志。非不可以救亡。無如太后廷臣多牽制之也。

1 戊戌變法　德宗命王大臣進康有爲之意見書。所進皆大悅。密與太傅翁同龢謀。決計變法。下國是改新詔。召見康有爲。諮詢新法。授總理衙門章京。更擢用譚嗣同、劉光第、楊銳、林旭等預新政。其弟子梁啓超亦同時任用。維新詔勅。日如雨下。廢八股。興學校。汰冗官、停武試。諸要政。次第施行。許天下士民皆得上書封奏。一時治績大有可觀。海內人士莫不歡呼鼓舞。引領望治矣。然而德宗處境不良。行事多所牽制。其所行新政。終歸泡影。而近世文化遂受一大挫折、則以孝欽太后之專恣也。

孝欽太后之專制 孝欽機警多權略。性又蕩侈。臨朝時政以賄成。初寵安得海。（爲穆宗所誅）繼寵李蓮英交通賄賂。勢傾王侯。一時士夫旣大都澳涊無恥以求進。其京朝顯官則又習爲錦衣玉食日酣嬉於太平歌舞之中。政治內容因之而日趨腐敗。

新黨之失敗 方康有爲之變法也。德宗欲効康熙乾隆之例。設懋勤殿。選英才。聘外人共議改革制度。然太后及親貴大臣多掣肘。德宗與有爲潛謀去之。事覺。孝欽一面密電各省稱有爲謀圍頤和園。令協拿。一面禁德宗於瀛台。收楊銳、林旭、劉光第、譚嗣同及有爲弟康廣仁、御史楊深斬於市。有爲啓超得英日援。出亡海外。談新政者皆貶黜。政府實權全歸守舊派之手。詔天下萬事皆復舊。變法之議遂輟。是爲戊戌之政變。由是政治益壞。庚子之禍所由起也。

2 **庚子戰後之改革**　戊戌政變爲我國維新之一大挫折。庚子拳禍又爲我國改革之大動機。德宗還京後。詔行新政。設政務處。改總理衙門爲外務部。尋設商部。罷武試。廢八股。以策論經義取士。京師設大學堂。各省設高等學堂。各府廳州縣設中學堂小學堂。課以中西有用之學。學生畢業按級遞升。科學限年停止。變法自强之計決於此矣。

3 **預備立憲之經過情形**　歐美各國皆早經立憲。而我國依然君主專制。實非所以應世界之潮流也。於是人民請願於先。政府籌備於後。惜乎爭議屢起。終無實効也。其經過之情形如左。

a **憲政之請願**　庚子後事變日迫。國人之先覺者咸以改革政體爲救亡根本之策。及日俄戰事起。日以立憲而勝。俄以專制而敗。我國民之感情遂益激動。皆以廢除專制建立憲政爲必要。立憲之議論大昌於朝野。各省督撫亦會銜奏請。此立憲之舉所以刻不容緩也。

b **憲政之預備**　清廷見大勢所趨。以立憲爲急務。於是派遣載澤、戴鴻慈、端方、尙其亨、李盛鐸五大臣。分赴東西各國考察政治。隨於光緒三十二年下預備立憲詔。期養成立憲國民資格。然後實行立憲。翌年下各省督撫實行預備立憲詔。復遣大臣達壽赴日本。汪大燮赴英。於式枚赴德考察憲政。至翌年又有九年籌備立憲詔。所有憲政應行籌備事宜。分定年限。飭在京各衙門及各省督撫司道按年舉辦。務於第九年內一律辦齊。乃設資政院於京師。諮議局於各省。以立議院基礎。

c **憲政之爭議**　清廷之預備立憲。實掩天下人之耳目也。所定憲法大綱。一以抑制民權爲主。旨國人咸知其用意之不誠。及宣統即位。世變日亟。各省諮議局公權代表上速開國會之請願書。未得要領。既而海內紳商、暨海外華僑、各舉代表、再上請願書。亦未蒙允許。隨組織國會請願代表團上書資政院。由資政院贊成入奏。改九年籌備爲五年。

五內閣爭議　宣統三年夏組織內閣。以慶王奕劻爲總理。財政、軍政、民政諸大權。悉操親貴手。士民以皇族內閣。列國所無。不特無補於國。且非皇族之福。公私兩方均蒙絕大之危險。由諮議局聯合會堅請改組。攝政王載灃下旨嚴斥。於是國人咸知立憲之無望。

我國人民之希望立憲也。原冀和平改革。迨新內閣告成。假憲政虛名。張專制毒燄。於是有識之士。始恍然于希望政府之非策。而革命之風潮益急。

1革命黨屢起屢仆　自孫文逃出海外。往來歐美及南洋日本。鼓吹革命其主義。戊戌以後。康梁奔走叫呼。喚醒國人迷夢。留學各國之學生。亦各得其新知識以歸來。于是海內士夫咸曉然於淸廷之不可恃。政治之不可不改。當時祕密結社。棊布域內。識者早懷瓦解之憂。加以立憲無期。專制彌甚。人民之從事革命者日益增多。淸廷但恃武力爲長城。從未能爲根本上之救濟。其防範黨人也。無微不至。然以政治不良。故黨人之逮捕者愈多。黨徒之蜂起者彌衆。幾於防不勝防。舉其著者。漢口有唐才常之變。廣西有鎭南關之變。謀炸端方於天津者有吳樾。鎗斃恩銘於安慶者有徐錫麟。而廣州之變亂尤多。將軍孚琦既被刺於溫生才。提督李準復遇刺於陳敬獄。其間又有督署攻燬之大變。黨人盡殲。其他革命風潮之發現於末年者日演日劇。而革命黨人多散居南洋各埠。故舉事以沿海邊省爲利。後以廣州舉事不成。乃變計從長江流域入手。而武昌起義矣。

2 武昌起義之始末　清廷不知戒懼。臣民請願。仍多抑壓。宣統三年政府更以收四川路事刺激民心。八月十八日鄂省有多處發見革命之形迹。幷捕獲黨人多名。立卽審決。瑞澂欣欣有得色。將嚴緝軍人之入黨者以軍法從事。各營聞之遂變。十九日轟擊督署。瑞澂倉皇遁去。武昌爲民軍所有。分兵下漢陽及漢口。組軍政府。定名爲中華民國鄂民政府推協統黎元洪爲都督。各省紛紛響應。清廷知大勢所趨。非人力所能挽回。遂下退位之詔。

3 共和政體告成　先是民軍推黃興爲臨時大元師。各省代表組織臨時政府于南京。舉孫文爲臨時大總統。黎元洪爲副總統。及清帝退位。孫文辭職。南京參議院共推袁世凱爲統一政府臨時大總統。移都於北京。二年四月行國會開幕禮後得列國承認。惟袁世凱與民黨感情日惡。激成二次革命。事平。十月六日袁世凱由國會選舉爲正式大總統。于是正式之共和政府始成立。

改帝政之失敗　袁世凱既宣布新約法。卽廢止國務院。別立政事堂。設國務卿一人。稟承大總統辦理政務。停止政治會議。創設參政院。任命參政多人。以代行立法職權。未幾參政院修改大總統選舉法。定任期爲十年。於是望風承旨者相率倡君主政體。決定君主立憲。並推戴袁世凱爲皇帝。改元洪憲。於是第三次革命起。蔡鍔首先起義於雲南。於四年十二月二十五日通電內外。稱護國軍。各軍先後響影。於是袁世凱憂憤成疾而卒。遺令以黎元洪就大總統職。然自是政變叢生。復辟之禍。南北之爭。奉直之戰。相繼而起。亂事迄今未已也。

自嘉道迄今。政變之複雜。前古未有。故其制度亦極紛繁。茲略述其變遷之迹。

(一)官制　清末官制大致仍襲清初。惟開港以後。內憂外患交逼。其制度自不得不因時制宜。如改新設之總理各國事務衙門爲外務部。改禮部爲學部。改刑部爲法部。合舊有之戶部、新設之財政處爲度支部。合舊有之工部、新設之商部爲農工商部。合舊有之兵部、練兵處、太僕寺爲陸軍部。他若民政部、郵傳部、資政院、審計院。皆新設者也。至京外官制改革者亦多。如海關道、勸業道、巡警道。皆新設之官。提學使則就舊時之學政而改設者也。出使之官光緒時始設之。其階級有三等。下有參贊、書記、通譯等屬官。又有總副領事及領事等。分駐各國要地。而統於公使。此皆清末改革之官制也。

民國成立。以約法行內閣制。袁氏改爲總統制。及帝政失敗。仍依舊制。內閣設總理一人。其下設海軍部、陸軍部、外交部、內務部、財政部、司法部、敎育部、農商部、交通部。此外前立法部分有參議院、衆議院。司法部分有大理院。此爲中央政治之機關。外官初爲二級制。省設省長。縣設縣長。後改爲三級制。於省長縣長之間設道尹。立法部分有議會。司法部分其初省設高等審檢廳。縣設初級審檢所。後改通商碼頭得酌設初級審檢所。高等審檢廳仍舊。餘悉裁去。而將其權屬於縣知事。今則司法獨立之制又將實行。此地方財政機關之大略也。

（二）賦稅　清末糧賦概仍其舊。惟其後各地舉行新政。皆于田賦帶征、以充本地行政費用。又稅制前所無者爲釐金爲關稅。釐金之設。原爲洪楊亂時充軍餉而設。後以大利所在。卒莫能廢。商民因以大困。不獨政府失信用而已。關稅設于通商以後。然其權操於各國。我無自由增加之權。殊可恥也。光緒以後。賠款愈多。稅目愈煩。人民之擔負愈重。民國初建。田賦略因清制。惟漏稅之田十居七八。故履畝清釐。爲當今急務。餘若加稅免釐。舉行所得稅。皆今世財政家所宜悉心籌備者也。

（三）兵制　自川楚教匪之變起。綠營多不可恃。洪楊之亂既平。于是楚勇、湘勇、淮勇之名、馳于海內。既而迭遘越南遼東之敗。勇營亦不足恃。更擇精壯者練之。爲武衞軍。其餘就綠營壯丁抽練之。練軍創自同治初年。於是綠營之數日漸汰減。光緒末年。舉辦徵兵。定爲更番訓練。分年退伍之法。軍人資格。自是始漸推重。海軍籌備于咸同間。北洋艦隊之名著於中外。甲午一役。全軍覆沒。光緒末年。逐漸興復。全國軍艦有四十二隻。其實力更不及前矣。民國成立。大總統爲海陸軍大元帥。統率全國海陸軍。設統率辦事處。又設參謀部。以寬籌畫。建將軍府於京師。其督理各省軍政者。每省設督軍一人。現于重要之區。各兩省或三省而設巡閱使一人。全國陸軍初定四十八師、十旅。後因戰事不絕。軍制破壞。督軍任意召募軍費遂占國用之大半。近雖日倡裁兵。實行尚未有期。熱河綏遠、察哈爾等處。則各設都統以理軍事。將軍都統之下則有師長、旅長等官。分轄所部海軍。除舊有軍艦外。更有肇和、應瑞等艦。于共和成立後編於艦隊。至憲兵警察等亦以其爲治安之必要。逐加增練焉。

(四)刑法　嘉慶以後。律屢纂改。同治以後。刑法一科。死罪至斬決而至。光緒末年。刑事民事訴訟編行未竣。外人之犯罪者。向依律擬斷。自海禁大開而後。西人以刑律彼輕此重。遂要求領事裁判權。自是主權喪失。而華洋互訟之案件。華人多受其虧。流弊滋甚矣。

共和初建。法律尚未議定頒布。所有從前施行之法律。及新刑律。除與民國政體抵觸各條。應失効力。餘均暫行引用。主刑之目五。死刑、無期徒刑、有期徒刑、拘役、罰金是也。從刑之目二。剝奪公權、沒收是也。死刑於獄內絞斃。戒嚴期內則依軍法處決。其刑訊時。凡官吏所用之非刑及隸役所用之私刑。已實行禁止。將來制定各法。凡關於司法事務。果能一律改良。則治外法權之收回。庶有望乎。

(五)學校　光諸卽位後。凡百庶務。銳意革新。而於教育尤極注意。戊戌變政。康有爲倡設學堂。未幾廢止。及庚子亂後。孝欽知非改革不可。乃令各省將所有書院、於省城改設大學堂。各府及直隸州改設中學堂。各州縣改設小學堂。並多設蒙養學堂。又命各省選派學生出洋留學。其後學制遞經規訂。規模乃漸具。

民國成立。教育部明定教育宗旨。注重道德教育。以實利教育、軍國民教育輔之。更以美感教育完成此道德。規定初等小學由城鎭鄉設立。高等小學由縣設立。中學校、師範學校、甲種實業學校、由省設立。大學校、及各項專門學校、高等師範學校、由國設立。並許國人設私立學校。今之教育。則以養成健全的個人倡造進化的社會爲宗旨。現更籌辦義務教育。以謀教育之普及。議行新學制。以謀教育之靈便。教育前途不無有振興之望也。

(六)選舉

嘉道咸同時。選舉制悉仍舊。光諸二十五年詔舉經濟特科而未實行。癸卯年始舉行之。然無見大用者。武舉之制亦如前代。二十七年詔廢八股文。鄉會試均試策論。又命停止武科、童試、及鄉會試。明年又詔凡入翰林者、及以部屬中書用者。均令入京師大學堂分門肄業。凡由學堂畢業考取合格者給予出身。此清末選舉之概略焉。

民國成立。人民依法律所定。有應任官考試、及從事公務之權。又有選舉代議士。及被選舉爲代議士之權。至學校畢業生則祗有學位。及獎學金之榮譽。不復以官級階爲獎品。國家需才時。定法官考試、高等文官考試、普通文官考試。凡學非所用。用非所學之積獎。此後庶可爲根本之廓清焉。

（七）地方制　清末州郡制度悉仍舊。惟東三省雖初視如邊防。其後改爲省制。增設督撫官司。則在光緒之季年。新疆雖早建府廳州縣。而改建省治亦在光緒之初。其一切政治上之建設。與本部十八省同矣。

民國成立。省制均仍清舊。所異者府廳州均改爲縣。惟道區猶在。轄區較前變更耳。其同城縣治皆并于一縣。縣數亦較清代爲多。至內蒙設熱河、察哈爾、歸綏甯夏護軍使管轄地、四特別區域。康部設川邊特別區域。是皆改省之過程。然外蒙西藏常有叛離之意。而英俄又恆利用之、以遂其囊括之野心。亦非改建行省不可也。

中國政局之變動。雖以此時爲最甚。而學術思想較前則大發達。其故有三。

1、由專制政體逐漸消除。人民之言論著作得以自由。

1、由海禁大開。西洋學說輸入中國。

1、由科舉廢。學校興。學術皆以實用爲指歸。

因此三故。學風轉變。前之重文學者。今乃並重科學。前之尙精神文明者。今乃並尙物質文明。實東西文化調和之時代也。

(一)哲學　道咸之際。曾國藩、倭仁(字艮峯蒙古人)倡道於京師。羅澤南講學于鄉里。程朱之學大盛。然猶承清初之遺風也。輓近西洋思想輸入。學者而研究西洋哲學。且習于盧梭 Rousan 之民權論革命思想大盛。

甚有以孔子倡君臣大義爲小乘的教理。不適于共和時代、而排斥之者。未免失之過激。惟康南海湛深古學。爲春秋公羊學派。謂孔子倡太平大同主義、爲大乘的教理。與共和主義並行而不相悖。今則西洋哲學漸占勢力。中等學校列爲教科。其主旨重人生觀。與孔子仁民愛物之意。固無不同也。

（二）文學　道咸之際。曾國藩以古文鳴于湘鄉。其義理詞藻兼擅其長。兄弟父子間相勵以學。湖南文風因以大變。曾氏實近代文界之偉人也。中日戰後。有志之士力圖變法自强。如康有爲、梁啓超、嚴又陵、章太炎諸人。多爲慷慨激昂縱橫排宕之文。以鼓吹其學識。文風又爲之一變。近世報章、雜誌、電稿、檄文等。多仿行其體也。此外詞章、小說、戲曲、亦皆稱盛。

1 詞章　清初以文字消磨士氣。上行下效。詞章之風甚盛。自張之洞爲湖廣總督幕中多爲此文。一時中國駢文以湖北爲中心。他若鄭蘇菴、樊樊山、易碩甫等。皆以詞章鳴。革命以來。更流行駢體。其檄文公電往往間以四六。亦足以耐人欣賞也。

2 小說·戲曲　近世受外國文字之影響。小說之學大興。文人以流麗之筆。或翻譯偵探小說、冒險小說。或編輯言情小說、社會小說。其流行以上海爲中心。廣布四方。大爲一般社會所歡迎。果能用意純正。有切於社會教育不淺也。戲曲之進步亦甚速。流行者有京調、粵調、徽調。今更編纂新劇。不用古裝。現身說法。描摩盡態。亦足以動人觀聽。

(三) 經學　清初經學大盛。至道光時。魏源亦深于經學。所著詩古微、書古微、公羊微等。皆能發揮精義。至曾國藩而集其大成。其後以浙之德清俞樾、瑞安孫詒讓爲有名。然論者謂俞之駁不如孫之純焉。自科舉廢。學校與。學子困於科學。無暇兼及經學。而經學大衰。

(四)**史學**　道光之際。魏源為經世之術。其所著海國圖志及聖武紀。為當時研究西洋史學清代史學者之祖。海禁既開。新思想輸入。史學又別開生面。前人所研究者。多偏于一朝一姓之盛衰興亡。今則注重國家社會之進化。學校以是為必修之科。其專門學校則又有政治史、農業史、商業史、工業史、學術史等之分類。史不得不謂為進步也。民國成立。政府以編纂清史國史為要務。以清史屬之趙爾巽。而國史始屬之王湘綺。今以徐花農掌之。

(五)**曆學**　我國舊曆以地球自轉紀日。月繞地球紀月。地球繞日紀歲。以其特異之點在紀月。以月為主。故名陰曆。今採用西曆。析一年為十二月。每月自二十八至三十一日不等。以日為主。故名陽曆。惟四時節令民間仍用舊法不便莫甚。

（六）醫學　嘉道以來中醫之著者。如直隸王清任、浙江王士雄、江蘇陳懋卿、趙元益等。皆有發明有著述。實近代中醫之泰斗也。然不可多覯。皆其餘淺濫不講實學。開港而後。西醫先入東醫繼之。切實精妙。別放異彩。民國成立。尤重醫學。內務部設衛生司以掌全國醫政。京內外設醫學校以造就醫學人才。高等文官考試有醫藥一科。醫生產婆開業有取締方法。其他若公立醫院、紅十字會。皆逐漸進行。而謀醫學革新者。又有醫學會、醫學報等。以講求醫原理治療方法。以視往昔專尚五行生尅之神話。不可以道里計矣。

（七）書法　近世書法漸棄唐宋而法周秦漢魏。以篆書著者有楊沂孫。以隸書著者有俞樾、張祖翼。以魏碑著者有李瑞清、曾農髯。而翁同龢、康有爲、鄭孝胥亦皆以書法鳴也。

(八)繪畫　近世畫家有湯貽芬、戴熙二人齊名。皆殉洪楊之亂。湯諡貞愍。戴諡文節。不徒以畫見長也。及西洋畫學輸入。於是水彩畫·擦筆畫油畫漆畫之法大行。且前人多重臨稿。今則注意寫生。未始非畫學之進步也。現學校以是爲美感教育。列爲學科。并有設專科研究者。畫學之進步。當未可限量。

(九)音樂　中國古樂至近世殆多失傳。世所傳習之樂器。如鑼鼓胡琴琵琶三弦笙簫管笛等。率稱爲國樂。其實皆俗樂也。自西洋音樂學輸入。學校皆列爲學科。以爲陶冶性情之具。是亦中國音樂之大變遷也。

(十)科學　中國數千年來。專重文學。科學概未講求。雖自明世西洋科學已漸輸入。然未大興。近世教育人士。以科學知識爲生活上必需之知識。

科學方法爲實業上必需之方法。用是以戰勝天然。改良環境。實物質文明時代立國之大本也。現自小學以至大學。其科學程度依次增高。務求實用。且各種科學研究會林立。進步較前甚速。惟成績尙未顯著。

近世學術思想固勝前古。至宗教思想較前尤爲特盛。其故有二。

1、由海禁大開。外教之深入內地傳布者日多。

1、由民國成立頒信教自由之條。非如前此之有所偏重也。

觀宗教中最有勢力者爲基督教。孔教次之。佛教又次之。喇嘛教、回教僅維持其固有之勢力耳。兹分述於後。

(一)孔教　卽夙稱爲儒教者是。孔子之道。於政治社會人倫道德無所不包。歷代遵崇不替。近世治中國哲學者。概以孔教爲宗。民國成立。康有爲曾請定爲國教。現有孔教會。其支會徧設各省。或以孔子爲哲學家、政治家、教育家而非宗教家。不知歷代政府皆以此教爲國脉所繫。祀典特崇。各地有孔廟。春秋釋奠。供犧牲。奏樂舞。純然行宗教之儀式。謂非宗教可乎。

(二)佛教　佛教勢力遠不如前。雖大都小邑徧建寺院。然住持多俗僧。信徒亦祇以禍福爲念。其能通曉佛典者絕少。近世治哲學者往往兼攻佛理。共和政府成立。曾令保全廟產。而僧界亦以精神不振爲慮。特組佛教會。爲結合機關。佛學雖未盛興。精神則爲大振。

(三)喇嘛教　行于西藏、蒙古、滿洲等處。而西藏爲尤盛。多宏壯之寺院。其僧侶之衆。甲之世界。其教祖曰達賴。曰班禪。握政教之權。然受愚于英。自民國以來。迄未誠心向化。其教有紅黃二派。今日占優勢者爲黃教。

(四)道教　行於各省。道觀頗多。其信徒謂之道士。其教之主管者仍爲江西貴溪縣龍虎山之張天師。民國初成時，令保存其名號。惟以符呪厭鎮諸法傳世。未免妖妄耳。

(五)回教　自新疆省流行於陝、甘、燕、晉等省。內地各省亦莫不有之。此教徒之團結力最富。相親相扶。不與他教通婚。往昔屢謀背叛。爲政府之大患。今已相安無事矣。

(六)基督教　基督教之入中國也。舊教先于新教。舊教徒之宣教師多法人。今全國之教徒在百萬以上。新教之輸入不過五十年。其初每與中國人民發生衝突。教案屢起。其後雙方諒解。彼亦熱心傳教。立學校。設醫院。創興幼稚園、育嬰堂、及其他種種事慈善事業。且今之基督教青年會林立于通都大邑。氣象日新。其宣教師多爲英美人。雖布教之日淺。而傳播則甚速。教堂教徒之數。已凌駕舊教而上之矣。

我國自開港以後。匪特學術宗教大關途徑。卽實業亦異常進步。蓋前此重士而賤農工商賈之陋見。漸以革除。朝野上下。咸知處此經濟戰爭之時代。非振興實業不足以立國。加以科學日興。交通日便。實業界乃有勃興之機。茲分述其概況如左。

(一)**農業**　我國以農立國。其故由於氣候溫度、河流衆多、土壤肥沃。可耕之地不下八億畝。農產之豐爲東亞冠也。以是政府對於農業特重。光緒以來。農政日興。舉要如左。

1 **勸農**　詔各省督撫飭地方官、各就土宜悉心勸辦、以濬利源。

2 **設部**　先設農工商部。民國初專設農林部。今併設爲農商部。

3 **興學**　地方設初等農業學堂。今改爲乙種農校。省立中等農業學堂今改爲甲種農業學校。立農科大學堂。今改爲農科大學校。此外尚有農業教員養成科。今各地且多設農村師範。其他普通學校亦有列農業一課者。對於農業教育之事業。固甚注意。

4 提倡　現各省設有公林、及農事試驗場、蠶桑模範場。定清明爲植樹節。其提倡不遺餘力。復購取美國田器以求灌溉耕種之便利。取美國蠶種及棉花種子。以求農業之發育。近且設昆蟲局、以去農田害蟲。其他關于土壤肥料皆能悉心研究、以求進步。

5 水利　凡水潦時見之地。多設工程局、水利局、以掌開設堤防事務。近復有治江、導淮之議。果見實行。農業前途更有望焉

(二)工業　自海通而後。外貨充斥。國人爲自衛計。急謀工業上之振作。逐漸改良。迄于今日。不無進步。就利權言之。可分爲三時期。

一、自同治初年至中日戰役時。其工業資本多屬官股。爲官督商辦時期。

二、自中日戰後至商部成立。外人多投資中國工業。爲利權外溢時期。

三、自商部成立後迄今。國人急求收回權利。集資自辦。爲華商企業時期。

就其事業言之。可舉者如左。

1 工廠　國人以舊時代之手工工藝爲迂緩。進而採新法之工廠制度。現全國具大規模之工廠。約計三萬。然以我土地之大。人口之多。僅有此數。無怪需要多而供給小。輸出額遠不及輸入額也。

2 工政　清末內閣設農商部。外省設勸業道。今內設農商部。外設實業廳。皆有督工勸工之責。現各省多設省立工場及模範絲織工場等以資觀摩。

3 工學　縣設乙種工業學校。省設甲種工業學校。國設工科大學校。其他職業學校、藝徒學校、紡織學校、各地林立。卽普通學校亦有設工業常識一課者、方今工業教育之進行。正未有已也。

(三)鑛業　自光緒三十年發布鑛業條例而後。准各省人民不拘何項鑛質。無論官山民業。聽報地方官給照開採。並勸設提化公司、及收臺鑛質行棧。是提倡鑛業。鼓舞商情。不可謂不至矣。且我國鑛產豐饒、若能採掘得當。則不難為世界之鑛業國。惟至中日戰後。漸許外人以鑛產權。日俄戰後。漸有收回者、今由外人開採者尚不在少。

(四)商業　自雅片戰役。五口通商以後。列强乃乘時與我訂約。每遇戰事。則必開商埠數處。而我亦以鎖港非策。苟有可以振興商業之地。則自動開埠。於是沿海商埠、內河商埠、陸路商埠、林立各地。今已有九十餘處。貿易亦隨年增加。目下已達至八億兩以上。雖比於人口之衆、面積之廣。未足為多。然以之比較往時。則當謂非常發達。且關于商業上進行之事務。

亦日新月盛。略舉如左。

1商政　中央有農商部以督全國商事。國外有領事以管理僑商。

2商律　宣統時頒行商律。商人始有共守之規則。以保其營業之自由。民國成立後。布商人通例。其關于公司者。另有公司條例。此外若度量衡之統一。皆所以使商民有所遵循也。

3金融　清末設大清銀行。現改爲中國銀行。又設中國通商銀行、交通銀行。民國成立。皆接收繼續營業。又設殖邊銀行以經營蒙古西藏事業。此外由社會組織外人組織之銀行。尚有數十家。

4貨幣　清末改良幣制。鑄銅元以輔鑄錢之不足。鑄龍圓改用銀之習慣。民國肇興。政府特設幣制委員會。以期畫一。銅元銀元繼續製造。又發行鈔票以資周轉。

5 商會 清末各地創設商會。保商興商之舉。始有基礎。民國承前制。縣立商會。省立總商會。又有全國商會聯合會。以輔助商政之進行。又各地設商場或商品陳列所。皆所以興市易便觀摩也。

6 商學 縣設乙種商業學校。省設甲種商業學校。國設商科大學校。其他普通學校亦有列商業常識一課者。商業教育亦與農工並重也。

近世因謀實實之發展。交通機關尤爲重要。閉關時代內地交通機關。僅有驛站而已。海通而後。交通上新事業如航運、鐵路、郵局、電信等。逐漸發展。

(一)航運 我國水運向用帆船。同治間設招商局。而沿海長江始行汽船。內河之行汽船。以日本請開蘇杭二埠爲起點。宣統時郵傳部擬創立中央輪船公司。飭稅務司組織一切章程。計畫未行而革命軍起矣。民國成立。大半因清之舊。而加以擴充。然航業究未發達。我國僅有一官商合辦之招商局。規模較爲宏大。其餘皆係小公司。以是英之怡和、太古。德之美最時。美之鴻安。日本之大阪。競爭劇烈。我之航權幾爲潛奪。我國現行航路有四。

1 沿海航路　沿海航路分本國外國。本國航沿海七省。外國則東通日本。西通歐非。皆以上海香港兩地爲樞紐。

2 長江航政　自上海至漢口爲滬漢綫。行小輪船。自漢口至宜昌爲漢宜綫。行中等輪船。自宜昌至重慶爲宜重綫。行小輪船。重慶以上則輪船不通矣。

3 粵江航路　自廣州達梧州。自廈門達三水。皆有大汽船航行。梧州至龍州間。則有小汽船可通。東江北江亦然。其餘多帆船航路。

4 內河航路　運河爲南北交通之大動脈。管餘如白河、遼河、灤河、浙江、甌江、閩江、韓江、皆便航運。

(二)鐵路 鐵路爲交通利器。我國興築獨遲。自光緒初年着手。迄今雖達一萬五千餘里。然比之面積。尚爲極小之距離。未可遽抱樂觀也。其興築計分三期。

1 自緒光初年至二十年。爲風氣未退、朝鮮反對時期。如英商所建設之滬甯鉄路。既築而復行停辦是也。

2 自光緒二十一年至光緒三十年。爲外人投資、利權喪失時期。如俄築東清、德築膠濟、法築滇越、龍州、比築京漢、英築滬甯等、是也。

3 自光緒三十年以來。爲收回利權、各省競辦時期。如蜀鄂辦川漢、浙江辦滬杭、政府辦京張、粵漢、亦收回自辦之類、是也。

以辦法論之、則由官辦、外人自辦、借款承辦、而進行商辦。以目的論之、則由礦務、軍事、而進於普通。以地域論之。則由北方、而進於南方。盱衡大局未始非進化之現象也。今全國路綫。以京師爲中樞。而區分爲東南西北四大幹。幹綫之中後分爲多數支綫。

1 東幹　以京奉綫爲基礎。而與中東、南滿、津浦等綫銜接。

2 南幹　以京漢爲基礎。而與川漢、粵漢等綫銜接。

3 西幹　以正太爲基礎。而與隴海、尹蘭、喀新等綫銜接。

4 北幹　以京張爲基礎。而與張庫、庫恰等綫銜接。

(三)郵政　通商以來。外人與各口岸設書信館以通文報。侵我利權實甚。清同治十三年始創郵政局。且入萬國郵政會。越九年始大擴充。宣統三年郵傳部奏准將郵政全體由海關劃歸部中管理。民國成立。隸于交通部以圖進行。計所設之局有七千八百餘處。華府會議結果。外人所設郵政局一律撤消以重主權。郵政之發展。正未有艾。

（四）電報　光緒五年設電綫於津沽間。光緒十年北京上海間線成。其後上海漢口間線又成。光緒十八年更與西伯利亞線接。北京與歐洲間得以直達。今則推行於各省。通都大邑。罔不偏設。至海底電綫則創于同治十年。始于上海香港間連絡。繼與歐美諸國連絡。無綫電報初由外人設於上海。宣統元年收買之。民國四年又設于吳淞、廣州、福州、張家口諸地。又擬自北京推設於西北各省間。將來必逐漸發達。電話初行于沿海大埠。今則內地都會漸次通行矣。

自開港而後。社會生活之狀態。亦隨政局而有急劇之變化。茲略舉事實以明之。

（一）生計　開港以前。人民安土重遷。豐衣足食。於願已償。卽外人紛至沓來。工商日盛，交通日便，人民之生活程度，與其生活慾望，皆相伴而繼長增高。

(二)民氣　科舉時代，士子惟以升官發財為心，用是國勢墮落。甲午庚子兩次敗衄以後，人心警覺，力求矯正，遇有喪失利權之國恥發生，不惜奔走呼號，赴湯蹈火，以謀挽救，是亦國民之好現象也。

(三)風俗　閉關時代，陋俗相沿，莫知改革。迨乎歐化東漸，民智大開，舉從前男子辮髮，女子纏足，男女早婚之俗，皆漸革除。而尤可幸者，數百年病民蠹國之雅片，至是懸為厲禁，禍胎滅絕，強種強國，庶有望乎。

(四)禮制　廢除拜跪，通行鞠躬，婚喪禮節，皆主簡單，迎神賽會，亦多停止。以武昌起義、南北統一、國會開幕、雲南起義等紀念日為國慶日，舉行慶祀典禮。行禮時官吏、軍人、警察、學生皆有一定之制服，並懸五色國旗，取五族共和之義。且用陽曆以授民時。取文化大同之意。未始非進化之徵也。